苏珊·桑塔格传

中国摄影出版社
China Photographic Publishing House

苏珊·桑塔格传

[英] 杰罗姆·博伊德·蒙塞尔 著　　张昌宏 译

中国摄影出版社
China Photographic Publishing House

目 录

苏珊·桑塔格，亨利·卡蒂埃-布列松（Henri Cartier-Bresson）拍摄于1972年。

I 涉世之初（1933—1950）

最终我们都要回到人生的起点。

——苏珊·桑塔格，“美国公众的良心”（1978）

苏珊·桑塔格（Susan Sontag）写过评论、电影剧本、小说、戏剧以及短篇小说。尤其是她的评论文章彰显了她对诸多领域极为广泛的兴趣：绘画、电影、舞蹈、戏剧、政治、摄影、歌剧以及文学。文学一直是她的最爱。但是，她却没能为自己写一本传记，完整地讲述她的一生。其实，20 世纪 70 年代初期，年将不惑的她曾萌生过给自己写书的念头，打算围绕几个主题书写自己的人生。但终究未能动笔，这也许是因为她觉得为时太早。[1] 后来，特别是到了 20 世纪 90 年代，据苏珊·桑塔格的儿子大卫·里夫（David Rieff）所说，她想写一本回忆录，不是要写她的一生，而是要写她人生中结下的友谊。桑塔格结识的、本可以写进这本回忆录的文艺界名流包括约瑟夫·布罗茨基（Joseph Brodsky）、伊丽莎白·哈德威克（Elizabeth Hardwick）、贾斯珀·约翰斯（Jasper Johns）、赫伯特·马尔库塞（Herbert Marcuse）和保罗·泰克（Paul Thek）等。[2] 可惜，这个想法同样未能付诸笔端，只好纳入桑塔格打算日后要写的书单行列。

但是，在她的有生之年，桑塔格的确出版过两部传记类作品：一部简短的童年回忆录《朝圣》（*Pilgrimage*）和一部短篇小说《中国旅行计划》（*Project for a Trip to China*）。这两本作品反映了她童年时期的诸多方面，描画各有侧重。《朝圣》主要讲述的是 19 世纪 40 年代后期，正值豆蔻年华的桑塔格前往洛杉矶登门拜访作家托马斯·曼（Thomas Mann）的故事。《中国旅行计划》聚焦于桑塔格的父亲以及她为自己的首次中国之旅所做的准备。她的生命大抵就是在那片土地上孕育的。《朝圣》创作于20世纪80年代中期，发表在《纽约客》（*New Yorker*）上，作品透露出反讽、自嘲、鄙夷、诧异和窘迫的语气；而写作于20世纪70年代的《中国旅行计划》则呈现出幽默、悲怆、怀旧和忧郁的格调。这两部作品回顾了桑塔格两次不同的人生蜕变历程，揭示了她大量的童年生活以及她自己对这段生活的态度。

从青春萌动开始，桑塔格就一直保持着私下里写日记的习惯。到她去世的时候，她记的日记竟然大约有一百本。这些日记真实地记录了她的生活和梦想：日复一日，她对书籍、人生体验、爱情、思想交流、求知、艺术和精神伴侣保持着经久不衰的热忱，叹为观止，堪称楷模。可以说，这是一系列大异其趣、纵横交织的人生景观。随着时间的推移，日记渐渐成为她用来创作的工作簿，里面不但记录着她的生活及其所爱，也记录着她酝酿评论文章、故事和小说时的所思所想。日记中时断时续但一直坚持记录的文字片段还包括了她对自己家庭谱系的追根溯源，其中包括1957年她即将24岁时写下的两组回忆片断，并冠之以“童年纪事”。“纪事”由各种毫不相干的词段、印象和句子构成，第一组“纪事”并未按时间顺序罗列，第二组“纪事”分为两部分。两组“纪事”中逻辑序列的缺失恰恰忠实地反映了桑塔格在回忆往事时的本真情形，粗略地勾勒出一幅她年轻时的画像。

这些有关青少年时期的文字三言两语，表明桑塔格并不乐意回顾这段过往，不愿久久地回忆这些往事。然而，她一次又一次地提起，说明她多么心有不甘。桑塔格也经常在接受采访时谈及她的青少年时期。她说，她的童年就是一场她迫不及待要逃离的“监禁”。[3]整个一生中，她承受着内心挥之不去的不安，她无法接纳自己的童年，和自己的人生之初保持着距离，这既是痛苦又是解脱。成年的桑塔格试图从早期的人生经历中摆脱出来。然而，除了日记，她书写自己生活的所有文字片断都只是重提她不愿直面的童年生活：种种无疾而终的忠心，各种聚散离合，各色让人心动却转瞬即逝的向往。

苏珊·桑塔格，原名苏珊·罗森布拉特（Susan Rosenblatt），1933 年 1 月 16 日出生于曼哈顿，是杰克·罗森布拉特（Jack Rosenblatt）和米尔德里德·雅各布森（Mildred Jacobson）的第一个孩子。这对夫妇在他们 25 到 30 岁的时候在中国从事毛皮贸易。苏珊年轻的父母在纽约长大，来自犹太家庭。他们从欧洲移民而来，杰克的父母塞缪尔（Samuel）和吉西（Gussie）来自奥地利；米尔德里德的父母艾萨克（Isaac）和多拉（Dora）来自被俄国人占领的波兰。[4]然而，在年少的苏珊身上，犹太传统多已丧失。中年时期，苏珊回忆说，她问奶奶祖籍在何处——奶奶在苏珊 7 岁时就去世了——奶奶只告诉她在“欧洲”。[5]后来苏珊再次询问，得到的是同样的答复。甚至到了 20 世纪 70 年代，她曾表示自己根本不知道罗森布拉特一家的谱系根源。

在苏珊的童年早期，她的父母大部分时间都远在中国。米尔德里德回到曼哈顿生下苏珊，但是苏珊出生不久后，米尔德里德就又回到了中国，把苏珊留给纽约的家人照顾。接下来的几年里，一位爱尔兰裔名叫罗丝·麦克纳尔蒂（Rose McNulty）或罗茜（Rosie）的保姆在她的成长中扮演了举足轻重的角色。1936 年，米尔德里德再次回到纽约，于 2 月 27 日生下了第二个孩子朱迪思（Judith）。苏珊记得妹妹出生后，她和罗茜一起去医院看望妈妈。[6]可是不久，米尔德里德又去了中国，把她们姐妹留在位于长岛大颈镇的家里。后来，苏珊写道，家里到处都是从那个“货真价实”的中国家里带回来的物品，而那个家“我从未亲眼见过”。[7]乌木做的中式双扇门正对着客厅，屋子里摆满了她中年时依然能想起的各种“战利品”和物件：“结实的象牙、结队行进的大象形态的芙蓉石雕刻品、镶了镀金木边的细长书法卷轴、紧绷的粉色丝绸做成的硕大灯罩及灯罩下面静静伫立的净坛使者塑像”。[8] 不过，她与中国这种脆弱而神秘的联系很快就戛然而止。1938 年 10 月 19 日，杰克・罗森布拉特在中国天津的德美医院因肺结核离世，失去丈夫的米尔德里德终于回到纽约的两个孩子身边。那年苏珊只有 5 岁。

苏珊对父亲了解多少呢？或者说父亲给她留下多少记忆呢？日记中“童年纪事”零零星星地提到了“爸爸”，因其不常出现便显得特别温馨。她记得父亲教她吹口哨，记得父亲让她吃西芹菜。“爸爸（在卧室里）教我如何叠手绢”“把爸爸的戒指藏在盒子里”“爸爸的猪皮钱包”“爸爸在唱歌”“梦见爸爸回家了，打开了家门”“在客厅里，妈妈告诉我，爸爸去世了”。[9]

在某种程度上，苏珊将父亲的离世怪罪到妈妈身上。为此，她不能原谅妈妈。对苏珊而言，父亲的死亡是一件悬而未决的、抽象的事件。在五六岁的年纪，她已经充分意识到父亲的存在，然而关于他的记忆却如此之少。岁月逐渐流逝，她的悲伤愈演愈烈，这与她对中国的向往交织在一起。对她而言，中国是个似真似幻的地方，既是，又不是她合法身份的一部分。在“童年纪事”中，她记得曾经羡慕出生在中国的某个伙伴玛吉・罗克林（Margie Rocklin）。[10] 后来，在她写的半自传体小说《中国旅行计划》中，苏珊说道：“因为中国，我人生中第一次撒了谎。上一年级的时候，我告诉班里的同学我出生在中国……但我心里明白，自己并没有在中国出生。”[11]1972 年的某一段时期，苏珊构思要把“中国旅行计划”写成一本书，献给自己的父亲。她打算把对中国的遐想、叙事片段、卢米埃电影中的镜头，以及各种照片融合在一起，其中包括父亲杰克的照片、《中国消息》（*China News*）封面上卡尔・马克思（Karl Marx）的照片和乔治·巴塔耶（Georges Bataille）所拥有的1910年拍摄于中国的凌迟处死犯人的照片。[12]苏珊在故事中透露，父亲第一次去中国时16岁，母亲也许24岁。她对父亲的一张坐在人力车上的照片的描述是：父亲看上去“快乐，孩子气，腼腆，心不在焉”。照片拍摄于1931年的天津，也就是苏珊出生前两年。[13]她写道，在她10岁的时候，她在家里的后院挖了一个坑，6英尺见方，似乎要一路挖到中国去。她在上面铺了“8英尺长的木板”，然后坐到坑里去。到这个时候，“象牙和大象芙蓉石雕刻品已经被拍卖了”，这个坑是“我的避难所”“我的监牢”“我的书房”“我的墓穴”。[14]

显然，苏珊挖的坑在某种意义上也是为父亲挖的坟墓。她告诉我们，她不知道父亲的尸骨安葬在何处。她尖锐地指出，甚至连母亲都忘记父亲葬在何处——这可能是小说的杜撰。不过，挖坑之事在“童年纪事”中确有提及。她回忆道，“挖坑，填坑，再挖坑”，这些文字出现在日记中另外两处均与中国和死亡相关的回忆片段之间：一位女士的丈夫患了肺结核；一家中国人在图森经营着一家杂货店。[15]如《中国旅行计划》所呈现的，在苏珊的心里，父亲的死亡带有异域色彩，是一件未竟之事，其间夹杂着虚幻、故事和谎言。甚至在父亲去世很久以后，母亲米尔德里德告知苏珊死讯的方式都有点儿不自然，似乎有所隐瞒。

1939年初，米尔德里德回到了美国。直到好几个月后，她才告诉我父亲回不来了。那时，我快要升二年级了……她叫我去客厅，我知道是大事情……她没细说……我只哭了一会儿，脑子里就已经在想，我该如何把这新情况告诉给我的朋友……我不相信我的爸爸真的死了。[16]

显然，米尔德里德很为难，她不知道如何告诉苏珊杰克的死讯；而苏珊永远也忘不了妈妈对她的欺瞒。[17]

父亲死了，她成了半个孤儿。这赋予她某种权利，她不但可以一次次地对他进行想象，让他成为完美的父亲，而且有权去重塑自己，重塑自己的过去。这对成长中的作家是良好的训练。可是，这样做也会走过了头，给她带来困惑和悲伤。在人生的初期，她就从结局中为自己创造出新的开端。创造开端延续了一生，即使是几十年之后，面对死亡，她也不曾停歇。她的内心总给希望留出空间：结局不是结束；或者更确切地说，在她的心里，父亲的死是虚构的，不是现实："我依然会泣不成声，只要电影中出现这样的场景：漫长而近乎绝望的等待后，父亲终于回到了家里，他紧紧地抱住他的孩子或孩子们。"[18]

与此同时，刚过30岁的米尔德里德意识到自己的生活天塌地陷。不争的现实是杰克死了，她没了丈夫，两个孩子还小。生活让她遍体鳞伤。几年后，苏珊在日记中写道，母亲从中国回来，"身负人生的重伤"。[19]她可能情绪抑郁，非常悲痛。她在纽约和别处频繁地搬家。依据苏珊的描述，虽然生活在一起，她们母女的关系并没有因为父亲的去世和母亲的归来而变得亲密。苏珊觉得，母亲从不倾听她的诉说，反而要从她那里寻求情感依托，把她变成自己的朋友、伙伴。苏珊甚至写道，她成了"妈妈的妈妈"，也是朱迪思的妈妈，而不是妈妈的女儿。[20]当然，这大部分是之后发生的事情。父亲去世的消息直接引发的后果是：苏珊患上了哮喘。遵从医生的建议，米尔德里德把家搬到了迈阿密，好让适宜的气候治好她的哮喘。"童年纪事"中记述道，在开往佛罗里达州的火车上，苏珊曾经问妈妈怎样拼写"肺炎"。在佛罗里达州她家的后院里长着几棵椰子树。[21]不久，为了苏珊的健康，米尔德里德又一次举家搬迁，搬到了亚利桑那州的图森。苏珊把那个地方一直当成她“想象中的童年”。[22]

到她6岁的时候，苏珊记得已经住过8处公寓或住宅（见《朝圣》），上过至少 6 所学校。“童年纪事”中有好几处回忆都与纽约市皇后区福里斯特希尔斯的一处公寓相关。她记得当时从第 68 街乘坐公共汽车上学的情形；她收听收音机里播放的柴可夫斯基（Shostakovich）的第五交响曲；她跟妈妈上剧院看舞台剧《与父亲在一起的生活》（*Life With Father*）——那年她 8 岁，这是她人生中第二次看戏。在“童年纪事”中，她还记下了 1939 年举办的纽约世界博览会；她和罗茜一起收听流行歌曲排行榜；她买过一本有关中国花瓶和各种工艺的书；她阅读《悲惨世界》（*Les Mis é rable*）；她写过题为“论时间”的文章和一本有关俄国的书——或许就是她那长达 62 页的手稿《苏维埃传奇》（*Saga of the Soviets*），署名为苏·罗森布拉特（Sue Rosenblatt），这是基于第二次世界大战的新闻报道而创作的、她青少年时期的作品之一。[23]她记得 1939 年刚开始上学的时候，“听人们说起过‘世界大战’”。1941 年 12 月 7 日，艾伦（Aaron）叔叔打来电话，告知珍珠港发生的事情，她感觉吓坏了——当时，妈妈外出打球去了。[24]然而，对于苏珊而言，在亚利桑那州度过的、被她称为“我的荒漠童年”的大部分时间里，战争是很遥远的事情。[25]

1943 年，米尔德里德全家搬到了图森市东达拉奇曼 2409 号。这是一幢有 4 个房间的平房，位于紧邻亚利桑那大学的一条土路边上。苏珊和朱迪思共用一间卧室，她记得夜晚躺在架子床的上铺提问妹妹对美国各大城市的了解情况。[26]尽管她在后来的作品中提到图森的时候总是带着一丝嘲讽——尤其是在《朝圣》中——但是，在德拉奇曼（Drachman）炎热、多尘、干燥、长满带有尖刺的风滚草的街坊里，她茁壮地成长起来。她的肺病和健康状况

亚利桑那州图森市东达拉奇曼 2409 号。20 世纪 40 年代桑塔格在这里长大。

得以改善。在当地的曼斯菲尔德中学，她是校报《宝石》（*The Sparkler*）的编辑。同时，她创办了一份拥有 4 个版面的报纸《仙人掌》（*The Cactus Press*），报纸设有故事、诗歌、戏剧和战情报道栏目。她使用手动油印机，这是归她本人所有的一台老旧的印刷机。她记得骑着自行车向街坊四邻到处售卖自己定价 5 美分的报纸。在图森，她也开始记日记，开启了她终生不辍的基本习惯。日记的开头不怎么吉利：苏珊后来注意到，第一篇日记记录的是她跑到路边去看已经开始腐烂的一条狗的尸体。尽管在头几年里，她还没有真正地形成记日记的习惯，但是这些日记却见证了她的成长：年轻的苏珊开始意识到自己的写作潜能，并开始尝试写作。日记中所列的清单、警句、记录、札记、反思、向往、评估、告诫——以及很快就要出现的恋情——似乎都预示着她要从荒芜的沙漠中踩出一条属于自己的路。

这段时期，她如饥似渴地阅读。这种热情在以后的岁月里得以保持。从她人生的早期开始，书籍就是解脱，是身份，是她的“镇宅之神”，是她的“宇宙飞船”。[27]然而，她从来都是一位积极主动的阅读者。后来她宣称，自己从3岁的时候就开始阅读，6岁的时候就阅读了居里夫人的女儿为居里夫人写的传记。这让她产生了想成为一名化学家（她一时兴起，竟然在家里建起了化学实验室）的强烈愿望。这早期的热情又渐渐演化成要当医生的渴望。她还读了什么书呢？小说《朝圣》给我们提供了线索：

童话故事、连环画（我收藏的连环画品类繁多）、《康普顿百科全书》（*Compton's Encyclopaedia*）、《双胞胎鲍勃西》（*Bobbsey Twins*）及斯特拉特迈耶（Stratemeyer）其他儿童系列小说，有关天文学、化学和中国的书籍，科学家传记，理查德·哈里伯顿（Richard Halliburton）的全套旅行书籍，以及以维多利亚时代为主的数量可观的经典作品。20世纪40年代中期，村子里兼营贺卡的文具店算是图森的商业中心。我绕到店铺的后面去，一头扎进现代图书馆的深处。阅读的标准就在这里：在每本书的封底上都有我要读的书籍的首份清单。我所要做的只是把它们搞到手，然后去阅读（小书每本95美分，大部头每本1美元25美分）。这样，每一本书都像是木匠的尺子，丈量着就在眼前展开的未来和我的感受。[28]

这只是其中一例。在这一阶段，苏珊还阅读了埃德加·艾伦·坡（Edgar Allan Poe）的作品，以及两部讲述作家成长的小说：路易莎·梅·阿科特（Louisa May Alcott）的《小女人》（*Little Women*）和杰克·伦敦（Jack London）的《马丁·伊登》（*Martin Eden*）。刚踏入青春期，她就阅读了对她产生深远影响的两本书：安德烈·纪德（André Gide）的《杂志》（*Journals*）和托马斯·曼的《魔术山》（*The Magic Mountain*）。并且已经在阅读或计划阅读阿波利奈尔（Apollinaire）、但丁（Dante）、陀思妥耶夫斯基（Dostoevsky）、福克纳（Faulkner）、霍桑（Hawthorne）、于斯曼（Huysmans）、卡夫卡（Kafka）、梅尔维尔（Melville）、里尔克（Rilke）、兰波（Rimbaud）、魏尔伦（Verlaine）和赫尔曼（Hellman）的作品，也包括海尔曼（Hellman）、奥尼尔（O'Neill）、肖（Shaw）和辛格（Synge）的戏剧。文学殿堂的大门在慢慢地打开。在接下来的几年里，尽管有所中断，苏珊将通过阅读饱览欧美经典。她偏爱欧洲作家，这种偏爱一直持续到以后的岁月。不过，她也品尝到了 19 世纪美国小说的魅力。

苏珊如饥似渴地从书中品味到的现实与她成长的世界截然不同。对她来说，阅读即是旅行，她通过阅读置身别处——她从全国各地的商会搜集信息，在家里建立起了自己的“德拉奇曼旅游局”。旅行本身，或者说旅行的理念是她终其一生的迷恋。在 20 世纪 40 年代的图森所能提供给她的童年环境中，“阅读带给她欢快的、反复强化的疏离感”。[29] 在她对亚利桑那州的所有描述中，孤独感贯穿始终；她在消磨时光，在等待长大后过她想要的生活。除了去文具店，去亲近那些少得可怜但却难能可贵的书籍外，苏珊在图森能够得到的乐趣——如她在《朝圣》（最初命名为“消磨时光”）中所写——就是沿着西班牙古道向着山麓游荡，“近距离地探究长得极其凶悍的仙人掌和刺梨，在田地里搜寻箭头和长蛇；收集好看的石头，想象自己迷失在此，是这里唯一的幸存者，又渴望自己是个印第安人”。[30]

苏珊想去别处，米尔德里德也有同感。实际上，米尔德里德经常与一位名叫内森・桑塔格（Nathan Sontag）或称奈特（Nat）的男士约会。1945 年，她嫁给了他。内森相貌英俊，性格乐观，人很热情。他是一名飞行员，在联邦空军服役。诺曼底登陆后的第5天，他的飞机被击落，住院疗伤一年后，他到亚利桑那州疗养。在苏珊从未去过的中国，苏珊失去了父亲，正巧，内森似乎是从天上掉了下来，她得到了个替身父亲。脱下军装，内森是一位招人喜爱的继父。有时，苏珊会情不自禁地吹嘘他作战英勇。她很高兴看到内森对母亲产生的影响，让她安定了下来。这样，苏珊就有了更多的自由去游荡。从今往后，苏珊都采用内森的姓为自己的作品署名。不过，如果读过《朝圣》，那就不难发现苏珊的尴尬和痛苦：内森加入她们的家庭，苏珊却无法为自己找到令人信服的角色。当然，烧烤和学习开车总该是快乐的事情。和苏珊截然相反，朱迪思却很享受她童年时期美国式的城郊生活。对于年长的苏珊而言，最诱人的前途，实际上也是唯一的出路，就是伺机逃离这个新建立的、“为时已晚”的“家”。[31]

1946年，内森、米尔德里德、朱迪思和苏珊一家四口搬到了加利福尼亚州“位于圣费尔南多山谷入口处的一处村舍，周围是蔷薇树篱，还有三棵白桦树”，这是一处装有百叶窗的温馨村舍（苏珊赋予“温馨”这个词特殊的恶意）。[32]对苏珊而言，如果图森总是意味着她的童年，那么这次搬家对13岁的她来说就是童年时期的最后一次搬迁，是她童年的终结。在西部海岸，在洛杉矶这个庇护所里，苏珊的眼界变得开阔了。20世纪40年代的洛杉矶，不仅是好莱坞导演和电影明星的安身之地，也是那些投身于追求纯现代主义的欧洲流亡者的乐园。他们逃离欧洲的战乱，为洛杉矶的“杂陈”（incongruities）景观所吸引：新派包豪斯建筑、豪华影城、海滩和柠檬树。这些流亡者包括苏珊敬仰的作曲家斯特拉文斯基（Stravinsky）、勋伯格（Schoenberg）和作家曼、布莱希特（Brecht）、伊舍伍德（Isherwood）、赫胥黎（Huxley）。面对这些社会名流，尽管她只有望其项背的份儿，但没有关系，她知道他们就在身边，

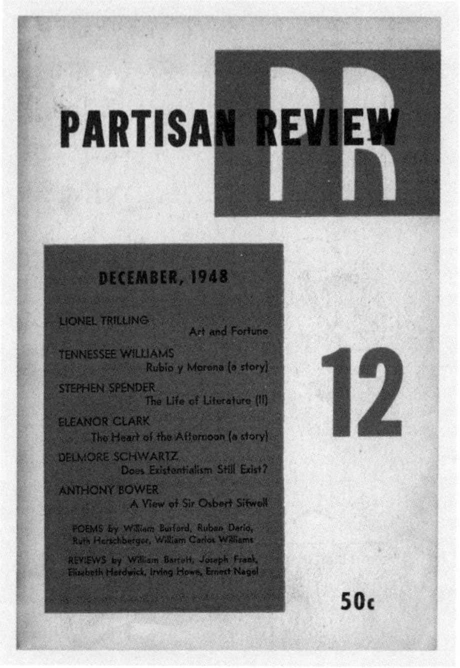

《党派评论》(1948年12月)。

她笼罩在他们的光环里，认同（不管这种认同有多么细微）他们跟那个时期的美国主流文化保持距离的态度——尽管这种文化近在他们的眼前。

搬家带来的更加实际的好处是苏珊现在有了自己的房间。晚上就寝的时候，她可以关上门，借用手电筒的光亮长时间地读书，再也不用躲在被窝里。住所附近有一家很好的书店，店名叫“皮克威克”（Pickwick），位于好莱坞大道上。她在书店里看书、买书，有时也偷书。她就读于北好莱坞高中。但是，她真正接受的教育却发生在洛杉矶的闹市区，位于好莱坞大道和高地大道交叉路口附近跨数个街区的一两层楼高的房子里。下午放学后，大部分时间里她乘坐公交车去市中心，而不是去位于圣费尔南多的家里。这里不仅有皮克威克这样的书店，还有一家很好的唱片店，每个星期她都会在试听间度过好几个小时。这里还有一个国际新闻报刊亭，兼营文学杂志，包括《党派评论》（*Partisan Review*）、《凯尼恩评论》（*Kenyon Review*）、《政治》（*Politics*）和《视界》（*Horizon*）。“不久，就像品尝百味果汁，我沉浸其中。”桑塔格这样写道，历数当时外出猎“宝”时的发现。[33]也是在这同一书亭，她第一次读到了莱昂内尔·特里林（Lionel Trilling）的《艺术和财富》（*Art and Fortune*），也隐隐瞥见了自己的未来。“我很兴奋，开始发抖……从那以后，我的梦想就是快快长大，搬到纽约去，给《党派评论》撰稿。”[34]这一阶段，她已经建立起比较稳定的职业意识，这实属罕见。她心里已经清楚自己要成为什么样的人，前进的方向在哪里。她以坚强的意志和强烈的愿望在日记里绘下了通往目标的路线图：制定计划，依照清单阅读，自我诊断，自我批评，自我训练，自我宽慰。

在北好莱坞中学，她出任校报《拱廊》（*The Arcade*）的编辑，

桑塔格就读北好莱坞中学时的年鉴照片，1949 年。

撰写社论，给就在附近的“梦工厂”出品的电影写影评。这一时期的文章署名为“苏·桑塔格”（Sue Sontag）。另一方面，中学时代的“苏”学习刻苦，表情严肃，上进心极强。在学校年鉴照片里，怎么看她都是母亲所说的“乖孩子”——后来桑塔格写道，这是“骇人听闻的指责”。[35]不过，她不只是在学习如何提高自己，也在学习如何放手。在《朝圣》中，桑塔格提到了两位新伙伴：伊莱恩[Elaine，即Levi（莱维）]和梅尔[Mel，即罗斯曼（Roseman）]，她俩都比苏珊年长，是她的良师益友。她们对音乐满怀激情，都喜欢古典作曲家，喜欢每周一在威尔希尔－埃贝尔剧院举办的系列室内乐音乐会“屋顶之夜”。在这所中学里，她也收获了恋情。她记得在“屋顶之夜”音乐会上，她收获了人生中的第一个吻。她还参加了在好莱坞音乐厅举办的夏季音乐会，作为领座员而免费入场。

她结交的第一个男朋友叫彼得·哈伊杜（Peter Haidu）。最初让他们走到一起的原因是相同的经历：他们都失去了父亲，都热爱欧洲文化。他们是在学校的餐厅相遇的。在第二次世界大战早期，盖世太保逮捕了彼得的父亲，他和妈妈从战时的巴黎逃到了里斯本，于1941年来到纽约。在他们发现的一家名叫“月桂”的剧院里，他们手牵着手，哭着看完好些外国电影。他们骑着自行车到峡谷游玩，“在草地里打滚、拥抱”。他长着“黑头发，身体清瘦，有些不自在”，关键的一点是他的个头比她高。桑塔格写道：“男朋友不仅仅是最要好的朋友，个头还要高。只有彼得符合这个标准。”然而，桑塔格总是感觉自己的爱情有些不对劲。到这个时候，她已经强烈而痛苦地意识到她对女孩子具有好感。

在《朝圣》中，桑塔格公开表明，她对彼得的爱情转移到了另外一个名叫梅里尔（Merrill）的男孩身上：尽管他身高不及她，却是“理想的爱人”。有时他们开桑塔格母亲的庞蒂亚克汽车，有时开梅里尔父亲的雪佛兰汽车。到了晚上，他们把车停在穆赫兰大道的路边，“眼底的大平原恰似硕大的飞机场，灯光闪烁，一望无际”，他们一起谈论音乐。[36]就像她和彼得一样，他和梅里尔的约会基于共同的热爱。

《朝圣》中提到的事件截止于1949年。对于女性产生的爱恋，桑塔格只字未提。但是，日记显示，在她十几岁的时候，尤其是离开家以后，她对性取向的纠结演变为一场巨大的危机，也最终获得了解放。从北好莱坞中学毕业后，1949年初桑塔格进入加利福尼亚大学的伯克利分校学习。这是她与母亲米尔德里德达成妥协的结果，母亲不希望她走得太远。现在，在这所大学里，16岁的桑塔格满怀感激，她永不知足地进行着阅读：赫胥黎的《旋律的配合》（*Point Counter Point*）、陀思妥耶夫斯基的《卡拉马佐夫兄弟》（*The Brothers Karamazov*），以及黑塞（Hesse）、斯坦纳（Steiner）、霍普金斯（Hopkins）、艾略特（Eliot）的著作。她对自己的同性恋取向烦恼不安，她试图说服自己，她喜欢的是男人而不是女人——抑或兼而有之。同年4月，桑塔格爱上了艾琳·里昂（Irene Lyons）——似乎是一厢情愿。不过，通过与男性的交往和尝试，她将向自己证明“至少我的性取向是双性恋”。在记录1949年5月事项的日记本的封面上，桑塔格用大写字母写下了“重生”两个字。在日记里，她对那段时期重获新生的情况进行了详细记述。[37]

日记记述了她在伯克利遭遇的两次恋情。第一个恋人是一位名叫亚尔（Al）或称艾伦·考克斯（Allan Cox）的男同学。他英俊、睿智、健谈。然而，在整个恋爱过程中，桑塔格感受不到一点性的吸引。到了3月，她认识了在学校的教材流通中心工作的哈里特·索默斯（Harriet Sohmers）。苏珊写道，她个头很高，很迷人，笑容甜美，活力四射。[38] 苏珊思维敏捷，长相俊俏，充满自信。与哈里特相比，她对性事一无所知。据哈里特回忆，她俩在书店里第一次结识后，她有意向苏珊推荐杜娜·巴恩斯（Djuna Barnes）写的《午夜森林》（*Nightwood*）。[39] 每周六的上午，在上完“塞缪尔·约翰逊的时代”这堂课后，她们就在一起交谈。哈里特邀请苏珊参加在圣弗朗西斯科举办的酒吧派对，她答应了。她们乘坐F次火车一同前往，开启了一个让苏珊眼界大开的、漫长的夜晚。她们先吃了中餐，然后哈里特带着苏珊去了几家同性恋酒吧：莫纳酒吧（在那里，哈里特介绍她认识了自己的一帮朋友）、“纸玩偶”和“12阿德勒”。凌晨时分，她们穿过金门大桥前往索萨利托。在那里，两人最终上了同一张床。苏珊感受到莫大的快乐。

桑塔格与男性早期的恋情都是理性的，这促进了她对学术的追求。在许多情况下，与他们交往的时候，她有一种强烈的是非意识，甚至还带有一点点的厌恶。对她而言，她与哈里特的恋情绝对不仅仅是性的启蒙，更是在情感、性和理智层面唤醒了她的意识。顷刻间，她对世间万物的兴趣被重新点燃。在日记中，她欣喜若狂地写道：“什么都很重要！”[40] 同时，她决定放弃学术追求，似乎异性恋行为以及与男性在一起都和学术及良好的行为密不可分。而她和女性的交往似乎与更为自由的知性和情感相连通。她有待在这些方面做出抉择。毕竟，她只有16岁。

1949年5月底，桑塔格获得了在芝加哥大学攻读学士学位的奖学金。芝加哥大学是她梦寐以求的大学。6月中旬，哈里特动身去了纽约。苏珊回到位于圣费尔南多谷的家里，趁着假期在保险公司找了一份整理档案的文书工作。这个夏天，她和一位在日记中标记为“L”的女子产生了恋情。9月，她坐上火车，向东前往芝加哥。这是一次长达两天的行程，她把旅途中的主观印象写进了日记。

为了说明芝加哥的学术环境给她造成的智力挑战，桑塔格后来将芝加哥大学描述为“彻头彻尾的、仁慈的专政”。[41]尽管多年来她都在贪婪地阅读，可是在芝加哥她学会了如何更有条理地进行阅读和思考。约瑟夫·施瓦布（Joseph Schwab）讲授的哲学课程“观察、阐释与整合”桑塔格听了两次，他是一位鼓舞人心的导师。肯尼斯·伯克（Kenneth Burke）也是。这些年来，桑塔格一直在阅读伯克的批评文章，并知晓他的小说《走向美好生活》（*Towards a Better Life*）。她记得伯克花了三个月的时间逐句讲解约瑟夫·康拉德（Joseph Conrad）的《胜利》（*Victory*），其间夹杂着有关20世纪20年代在格林威治村发生的、令人诧异的作家生活中的种种奇闻逸事，其中就包括杜娜·巴恩斯和哈特·克莱恩（Hart Crane）的故事。对桑塔格而言，同样重要的课程还有理查德·麦基恩（Richard McKeon）和利奥·施特劳斯（Leo Strauss）联合组织的哲学研讨会，他们讨论亚里士多德（Aristotle）、马基雅维里（Machiavelli）和尼采（Nietzsche）等人的思想。她写了一篇讨论《午夜森林》的论文。她还参加音乐会，看电影，去艺术学院听歌剧。沉浸在全新的学术训练中的她那刚刚萌发的作家的创造力暂时休眠了，芝加哥在更大程度上让她成长为一名评论家。

与托马斯·曼的会面令她大失所望。这是她人生的一个转折点。根据回忆录《朝圣》的描述，这次会面发生在1947年，也就是桑塔格14岁那年；但1949年的日记片段中也出现了此事，恰恰发生在她在芝加哥期间。在回忆录中，拜访曼时只有她和梅里尔两个人；而日记中却是“E、F和我”前往位于洛杉矶圣雷莫大道1550号曼的家里，去拜访——不妨说——我的“上帝”。[42]在其中，桑塔格强调说，她并不想以粉丝的身份去拜访她的偶像，那只是梅里尔的想法。日记的内容表明，她知道这是人生中的重

托马斯·曼，拍摄于1949年。

要时刻，值得一记。在《朝圣》中，拜访曼的时候她已接近成年，事件本身显得幼稚而令人尴尬。如果改变一下细节——比如把“E”和“F”都当成梅里尔——那么真实的记忆就成了回忆录的样子，整个事件就很顺畅。这表明，在20世纪80年代，当桑塔格写作《朝圣》的时候，要么她对场景进行了大刀阔斧的重构，要么其中大量的细节已经变得模糊，甚至完全被遗忘。

根据这本回忆录的描述，苏珊和梅里尔4点到达，她们先在书房里看到曼。他坐在一张“宽大而豪华的黑色书桌”后面，令人印象深刻。[43] 日记中记载的情形却是这样的：“E、F和我”三个人6点到达，曼坐在客厅的沙发上，怀里抱着他的狗。然后，我们就去了他的书房。在这两个版本的描述中，他都是穿着米色西装，跟书中照片里看到的他出奇地一致。两个版本中的谈话内容很相似。不过，在《朝圣》中，曼还询问苏珊和梅里尔各自读什么书，他很惊讶她们俩竟然偏好欧洲作品[罗曼·罗兰（Romain

Rolland）、乔伊斯（Joyce）的《画像》（*Portrait*）[44]、卡夫卡的《变形记》（*The Metamorphosis*）]，却对美国作家缺乏兴趣。这令苏珊很沮丧。两个版本有一点是相同的：与这位大名鼎鼎的作家的会面令她大失所望。桑塔格对自己的批评也是不留情面。她强调自己笨嘴拙舌、草率无礼，沾染了美国人典型的华而不实和粗陋。总之，这次与她的“上帝”的短暂会面让她暂时失去了信仰。在某种意义上，这次会面反转了众多19世纪的自传作品中经常出现的重大时刻：获得上帝显灵般的启迪。在桑塔格早期的日记中，灵光闪现的时刻却是她与哈里特去圣弗朗西斯科的那个夜晚。

在芝加哥大学的第二年（也是最后一年）的年初，在朋友的提议下，桑塔格参加了“社会科学II”这门课程中有关弗洛伊德（Freud）的《文明极其不满》（*Civilization and Its Discontents*）和《摩西与一神教》（*Moses and Monotheism*）的内容的学习，授课老师是年轻的讲师菲利普·里夫（Philip Rieff）。据说，1950年冬天的一个上午，桑塔格上课迟到了，她径直去了教室后面的座位，由此，她成了最后离开教室的学生。里夫问她叫什么名字，并邀请她共进午餐。在1950年11月21日的日记中桑塔格写道，里夫给了她一个激动人心的机会——让她帮他“做些研究工作”。到了12月2日，他们已经结为夫妻，那时她17岁，他28岁。唯一残存的有关1951年的日记是1月3日的内容，写得非常简短：“我嫁给了菲利普，我清楚自己在做什么 + 害怕我的意志会毁了自己。”[45]那些一度热情洋溢地记录下苏珊与哈里特及其他人亲密关系的日记本，此后好几年几乎没有再记任何内容——唯一的解释便是许多篇章要么被毁了，要么遗失了。一段新的人生历程已经拉开了序幕，也许眼下她没有空闲，没有值得一记的私密之事，也没有写日记的愿望。把母亲、妹妹和继父留在遥远的洛杉矶，她就要生自己的第一个孩子了。

注 释:

1. Susan Sontag, *As Consciousness is Harnessed to Flesh: Diaries, 1964-1980,* ed. David Rieff (London, 2012), pp. 348-349.
2. 大卫 · 里夫对此有所提及，详情参阅 *Reborn: Early Diaries, 1947-1963*, ed. David Rieff (London, 2009), p.106; 里夫在 *As Consciousness* (p.vii) 的"前言"中也提到过此事。
3. 参阅 Leland Poague 编著的 *Conversations with Susan Sontag* (Jackson, MS, 1995), p. 228.
4. Carl Rollyson and Lisa Paddock, *Susan Sontag: The Making of an Icon* (New York, 2000), p. 4.
5. Poague, ed., *Conversations*, p. 53.
6. *Reborn*, p. 117.
7. Susan Sontag, 'Project for a Trip to China', 出自 *I, Etcetera* (London, 2001), p. 5.
8. Ibid., pp. 5-6.
9. *Reborn*, pp. 115 (吹口哨), 107 (芹菜), 120 ("手绢" 和 "戒指"), 108 ("钱包"), 116 ("唱歌"), 122 ("做梦"), 116 ("去世")。
10. Ibid., p. 108.
11. 'Project for a Trip to China', p. 6.
12. 桑塔格在她的日记中大体记下了有关中国的写作计划。详情参阅 *As Consciousness*, pp. 328-334.
13. 'Project for a Trip to China', pp. 11-12.
14. Ibid., p. 8.
15. *Reborn*, p. 124.
16. 'Project for a Trip to China', p. 24.
17. Joan Acocella, 'The Hunger Artist', *New Yorker* (2000 年 3 月 6 日), p. 72.
18. 'Project for a Trip to China', p. 11.
19. *As Consciousness*, p. 220.
20. Ibid., p. 220.
21. *Reborn*, p. 106.
22. Poague, ed., *Conversations*, p. 133.
23. 所有这些回忆皆出自 'Notes of a Childhood', 选自 *Reborn*, pp. 121-124.
24. 见 Edward Hirsch 对 Susan Sontag 的专访: 'The Art of Fiction', *The Paris Review*, 137 (1995), pp. 177-209; *Reborn*, p. 109.
25. 'Project for a Trip to China', p. 9.
26. *Reborn*, p. 110.
27. Susan Sontag, 'Pilgrimage', *New Yorker* (1987 年 12 月 21 日), p. 39.

28. Ibid., pp. 38-39.

29. 'The Art of Fiction', pp. 177-209.

30. Barbara Ching 注意到“朝圣”这个书名是后来在写作过程中才选定的。详见 Barbara Ching, '"Not Even a New Yorker": Susan Sontag in America', 选自 *The Scandal of Susan Sontag*, ed. Barbara Ching and Jennifer A. Wagner-Lawlor (New York, 2009), p. 54; 'Pilgrimage', p. 39.

31. 'Pilgrimage', p. 38.

32. Ibid., p. 38.

33. Ibid., p. 39.

34. Poague, ed., *Conversations*, p. 190.

35. 'Pilgrimage', p. 42.

36. Ibid., pp. 40, 41.

37. *Reborn*, pp. 11, 20.

38. Ibid., p. 24.

39. Rollyson and Paddock, *Susan Sontag*, p. 27.

40. *Reborn*, p. 28.

41. Poague, ed., *Conversations*, p. 274.

42. *Reborn*, p. 56.

43. 'Pilgrimage', p. 46.

44. 此处指的是詹姆斯·乔伊斯的《一个青年艺术家的画像》。（译者注）

45. *Reborn*, pp. 71, 73.

菲利普·里夫在宾夕法尼亚大学，拍摄于1968年。

II 婚姻手记（1951—1958）

桑塔格突然成婚，这连她自己也感到费解，只能简单地解释为从一开始事态就发展得太快。按照日记中的说法，在她经历了性取向的煎熬之后，随之而来的女同性恋体验令她欣喜若狂。这让她感受到重生和觉醒的快乐。可是现在，她却把自己交给了菲利普·里夫。这听上去是极其草率而愚蠢的行为。但是，她又满怀希望，努力说服自己她的性取向没有任何问题，这不无悲壮。面对爱情，桑塔格总是很真诚。在感情方面，她不会见利忘义。相识还没有几天就和对方结婚，她对爱的激情一定没有产生过怀疑，一定渴望自己被爱情彻底吞没。对于桑塔格来说，冲动是必然的：她感受到了爱情对她猝不及防的一击——“死死地抓住她”——那还等什么呢？[1]

然而，日记中提到的“自我毁灭”的婚姻暴露了隐秘的蹊跷。决定结婚的部分原因是令桑塔格慌乱的自我意识、自欺、焦虑和恐惧：如果她不马上终止与其他女性的恋情——1949 年“F”就告诫她要“断绝女性关系，杜绝同性恋酒吧”——那么她将无可救药。[2] 桑塔格可能觉得自己才 17 岁，来得及做出彻底的改变。桑塔格回归“正常”的愿望极其强烈，压倒了那个稍逊一筹、想做真正的自己的愿望。嫁给菲利普·里夫背后还有另外一个原因：桑塔格希望逃离原有的生活环境和家庭，开启新的生活。等待了如此之久，她在芝加哥一头扎进成人生活，其中一个目的就是要确保自己不再回到洛杉矶。的确，她再也没有回到过西海岸。

1922年，菲利普·里夫出生于芝加哥，并在这座城市长大。1946年，菲利普从大学毕业后做了一名大学讲师。他表情严肃，做事严谨，在学校享有极高的声誉。一开始，桑塔格对他有些敬畏，课堂上，他有一切尽在掌控中的派头。他俩还有着相同的学术兴趣，其中包括对卡夫卡和弗洛伊德的痴迷。在童年的这么多年里，她一直在苦苦追寻思想的同伴，她遇到了彼得、梅里尔、伊莱恩、梅尔和哈里特，现在她又遇到了菲利普这位“口若悬河”的男子。[3]“菲利普和我很能谈得来，”直到好多年以后，桑塔格告诉另外一位菲利普[菲利普·洛帕特（Phillip Lopate）]，“我们一谈就是几个小时。我记得我们一同去参加聚会，然后开车回家。在车子里，我们讨论了每一个人。后来，太阳升起来了，我们这才意识到我俩坐在那里谈了整个晚上！”[4]在她1986年写的一篇短篇小说《书信场景》（*The Letter Scene*）中也有类似的小插曲；和这一并出现的还有其他有关桑塔格婚姻的情形：“在和美融洽的气氛中无休止地交谈”。她写道：

你看，我已经习惯了待在他的身边。我获得了一种安全感，我觉得自己和他是一个整体……我们彼此不会分开太久，只有在他去给学生上课，或者我自己去听课时我们才分开——那时的我们贪得无厌。[5]

结婚后不久，苏珊和菲利普就一起搬到了芝加哥市英格尔塞德大道6227号的一处公寓。1951年，苏珊取得了学士学位。同年夏天，夫妇二人乘坐纽芬兰号轮船从波士顿出发去了欧洲。第二年，里夫获得布兰迪斯大学的副教授教职，于是他们搬到了波士顿。

1952 年年初，苏珊已有身孕。9 月，他们的儿子大卫出生的时候，他们住在剑桥哈佛广场附近的一座房子里。由于生产过程比较艰难，产后，桑塔格卧床休息了一个月，这和当年米尔德里德生下苏珊后的情形一样。[6] 苏珊小时候的爱尔兰保姆被请了过来帮着照料大卫。这和苏珊的童年何其相似。不同的是，大卫出生在知识分子之家，围绕着他的是探讨文学、哲学、神话及宗教话题的声音。而这一切与桑塔格在纽约和亚利桑那度过的青少年时代却有着天壤之别。在以后的几年里，苏珊责无旁贷地忙着哺育儿子大卫。在这桩因为学术而联袂的婚姻里，20 出头的桑塔格也在学着写作，学着辩论，学着坚守自己的立场。在哈佛生活的这段时间里，夫妻二人经常款待其他知识分子，同时也接受他们的款待，其中就包括哲学家阿隆·古鲁维希（Aron Gurwitsch）、赫伯特·马尔库

雅各布·陶布斯和苏珊·陶布斯，拍摄于 1949 年左右。

塞和历史学家爱德华·哈利特·卡尔（E. H. Carr）。

1953 年，桑塔格进入康尼迪克大学攻读英文硕士学位，一年后又转到哈佛大学学习英文。1955 年，她以研究生身份进入该校哲学系学习，不久就开始攻读比较宗教、现代哲学和文学方向的博士学位。在哈佛的日子里，桑塔格受影响最大的是神学家保罗·蒂利希（Paul Tillich）和富有魅力的雅各布·陶布斯（Jacob Taubes）。陶布斯讲授宗教，是研究诺斯替教（Gnosticism）的专家。他的妻子也叫苏珊。苏珊·陶布斯（Susan Taubes）外表美丽，长相独特，头发乌黑，脸庞狭长，后来成为桑塔格要好的朋友。在桑塔格的心目中，苏珊·陶布斯是她的魂魄；她们共用同一个名字，她是“我的‘复本’”。[7] 蒂利希和雅各布·陶布斯都是犹太流亡知识分子运动的成员。桑塔格后来回忆，他们的思想是她所接受教育的核心组成部分，除了这两位，还有汉娜·阿伦特（Hannah Arendt）、格申·肖勒姆（Gershom Scholem）、马尔库塞和古鲁维奇（Gurwitsch）。

日记中，在 1951 年那条关于婚姻的不祥记录之后，没有任何大卫出生那一年的记录。但是到了 1953 年，残存的日记中有了生活的影子：在剑桥市的书店里翻阅卡夫卡的作品、对美梦的描述，以及有关写作风格的手记——要在着手创作的故事中避免采用人物对话。这表明桑塔格在写文学评论的同时还在进行小说创作。在随后的两年里记下的日记也同样只有寥寥数页。可是到了 1956 年，桑塔格在日记中写下了一系列讨论婚姻的手记，而且都是一些还未成篇的思想片段。这些片段散布在有关诺斯替教的札记中，带有明显的私人生活的色彩。在 20 世纪 50 年代，这种封闭在学术小圈子里的隐居式生活远远不能令桑塔格心满意足。新的家庭代替旧的家庭，她又囿于一个令她感到压抑的家庭空间。看来她又得再次逃离。1956年9月，桑塔格在日记中写道：“婚姻生活中，每个愿望都变成了一次抉择。”到了11月，她在日记中写下了这样的文字：

> **写作计划——论婚姻**
>
> **婚姻是基于惯性原则。**
>
> **无爱的靠近。**
>
> **婚姻完全是私人——而非公共——行为……**
>
> **婚姻中挤牙膏式的谈话。**
>
> **（至少我的婚姻如此。）**[8]

和菲利普·里夫一起生活了6年，到儿子大卫4周岁时，桑塔格不再感到满足。甚至连她当时无比喜爱并沉浸其中的谈话，到了现在只不过是“挤牙膏”。与婚姻手记交替出现的，是她开始思考的另外一个主题“论阐释”。这两个话题——她越来越对其持有否定的观点——看上去似乎密不可分，它们被过多的谈话、推断和有意而为关联到了一起；两者都存在这样的缺陷：并非彻底的有感而发，缺乏激情与活力。1957年年初桑塔格写道，在过去的6个年头里她缺少自由感。[9]1956年圣诞节过后，桑塔格带着大卫去纽约（她一到纽约就把大卫交给了罗茜），这次行程加深了她缺乏自由的感觉。她参加了由诗人理查德·埃伯哈特（Richard Eberhart）举办的聚会，熬了整个通宵，在聚会中结识了格雷戈里·科索（Gregory Corso）和艾伦·金斯堡（Allen Ginsberg）。一回到哈佛那个一板一眼的地方，她就做了一个噩梦。据记载，这大概是1957年元旦前后。在梦中，她正沿着楼梯往下面的泳池走去，一匹马从她身后赶了过来，把两只前腿搭到她的双肩上。她大喊大叫，无法挣脱，沉到了水中。她对水有些惧怕，这源自于早期发生的一件事：桑尼叔叔带她去海边游泳，去了离海岸太远的海域，这给噩梦增添了恐怖的色彩。[10]

20 世纪 50 年代中后期，他们夫妇二人通力协作，对西格蒙德·弗洛伊德展开研究，于是诞生了里夫的第一本专著《弗洛伊德：道德家的思想》（*Freud: The Mind of the Moralist*，1959）。1954 年，里夫在芝加哥大学提交的博士论文中讨论了弗洛伊德对政治哲学的贡献。可是，在首次写作专著的过程中，他经常写不下去，需要年轻妻子的帮助。结婚后，尽管苏珊并未遵照习俗改用丈夫的姓氏，依然沿用“苏珊·桑塔格”这个名字，但是这本专著第一版的致谢部分却是这样结束的：此书献给“我的妻子苏珊·里夫”，感谢她“极其慷慨地投身于本书的工作”。[11] 然而后来，苏珊说她全程参与了写作。在 2011 年出版的回忆录《永远的苏珊》（*Sempre Susan*）中，西格丽德·努涅兹（Sigrid Nunez）写道：“实际上，有时候她甚至声称整本书都是她写的，‘每字每句’。”[12] 读过了桑塔格后来写的作品，回过头来再去阅读《弗洛伊德》[13]，读者不可能看不出这本书中有她的写作风格，以及她所关注的众多主题。不管桑塔格怎么说，作为研究弗洛伊德的专家，该书的大部分思想应该归功于里夫。不过毫无疑问，桑塔格后来作品中的语气和议题在这部作品中也表现了出来。因此，一种可能是，里夫对桑塔格的影响如此巨大，以至于她后来的作品读起来与这本有关弗洛伊德的著作较为相似；另一种可能是，她对里夫的著作的贡献足以成为这本书的真正作者，至少可以和里夫平分秋色。

在文学期刊《遇见》（*Encounter*）中，批评家菲利普·汤因比（Philip Toynbee）发现《弗洛伊德》的写作质量如此之高，他竟然在自己的书评中摘录了“一长串”出自这本书的引文。《弗洛伊德》中充满了格言警句式的表述，这是桑塔格后来的评论性文章的典型特征。汤因比评论道：“里夫先生下笔如神”，并顺势罗列出虽经摘录却依然流畅的句子：

最不可能与理性相抵触的是良知而非激情……每一种心理分析的背后都潜伏着另一种可能的阐释……

实际上，在病例史中，由于弗洛伊德从来不是在转述，而是在阐释，因此，描述在弗洛伊德那里已经是判断了。

所有的经历现在都成为症候……

如弗洛伊德所倡导，对自我谨小慎微、一丝不苟的关注可能会更多地催生一批只重视内心生活的书呆子，而不是关心外在生活的鉴赏家。

面临病患者的自由裁量，在某种程度上人人皆可充当他人的医生。因此，谁也不能贸然断言，他一定能治好他人的疾病，抑或自己的疾病一定能够治好。这样一来，医院就接替了教会和议会，成为西方文化典型的机构。[14]

桑塔格的第一部论著《反对阐释》（*Against Interpretation*，1966）的主旨就是对弗洛伊德精神分析中永无止境的各种解释进行质疑。她的第一部小说《恩主》（*The Benefactor*，1963）探讨的就是“这种对自我谨小慎微、一丝不苟的关注”所催生的“只重视内心生活的书呆子”的危险后果；《疾病的隐喻》（*Illness as Metaphor*，1978）开篇就明言，“疾病是生命的暗夜，是令人更为不堪重负的公民身份”。[15] 小说《恩主》的含义和《疾病的隐喻》中探查的各种类比皆面临“病患者的自由裁量”。

在《弗洛伊德》中，几乎每一页都回响着类似的声音。该论著的焦点是讨论弗洛伊德思想的伦理含义，这与桑塔格一生写作的全部作品之主题是一致的，即伦理与美学之间的冲突。正如里夫（和桑塔格）在《弗洛伊德》的“前言”中所言，弗洛伊德的写作包括了爱默生（Emerson）[16] 令他那个时代费解的所有主题——“语言、睡眠、疯癫、梦幻、野兽以及性”——从更广泛的意义上来说，在桑塔格成长为一名小说家的早期，这比任何其他作家（除卡夫卡之外）的作品对她有更深远的影响。[17] 弗洛伊德对潜意识、本能和非理性的揭示为桑塔格的文学创作开辟了丰富的空间。这样，桑塔格在她最早创作的两部小说中首先对这一空间进行了充分探究。

不过，《弗洛伊德》也是一本不动声色地进行着颠覆的著作。一方面，它对弗洛伊德的知识进行了深入挖掘，对他取得的成就给予尊重；另一方面，它又拆解了弗洛伊德的观念和技术手段。人们更希望从中听到桑塔格批评的声音，而不是她的溢美之言。在《弗洛伊德》中，前半部分有一章讨论了“阐释的策略”。桑塔格后来作品中的写作语气和批评风格尤其在这一章中呼之欲出。在弗洛伊德那里，没有什么可以是它原本的样子。“口误、笔误、记忆的差错、错置物件、胡写乱画、随意命名和编号——这些微不足道、再平常不过的行为可能就是症候，因此也就饱含深意。”弗洛伊德总是用一物代替另外一物。里夫（和桑塔格）指出，这样做能有多大把握？弗洛伊德的心理分析难道不是鼓励“过度挖掘，从而使事物的重大意义仅仅存在于事物的背后”？[18]

这样，《弗洛伊德》对这位心理分析大师提出了温和的嘲讽，指出他经常将自己排除在他的理论和技术之外。里夫（和桑塔格）严正说道，只有他一个人有权解析他自己的梦境。总的来说，心理分析的时间选取在本质上是随机的。桑塔格（这里当然不包括里夫）将心理分析与达达主义者库尔特·施维特斯（Kurt Schwitters）及其20世纪20年代创作的“默茨”（Merz）[19]进行了类比，这些作品由采自于“同一街区下水道中的丢弃物”拼接而成。随后她写道：“作为限定条件的时间，分析师的日常时间同样也是随意的。”[20]随着书中分析的深入，批评的声音也越来越多。在完全采用言语媒介进行心理分析的时候，弗洛伊德并没有充分考虑这会带来的诸多问题；他虽然对性取向持开放的态度，却有厌女的恶习，对女性持有傲慢的态度；他的心理分析未能充分引入社会因素，在本质上他是自我陶醉。

弗洛伊德对婚姻的观点并未给里夫和桑塔格带来好处。在弗洛伊德看来，肌肤之亲与精神之爱水火不容。这对年轻的、已婚的中产阶级夫妇写道：“弗洛伊德认为，中产阶级不可能享有婚内爱情。”在引用弗洛伊德的观点的同时，桑塔格（这里也不包括里夫）只插入一句话来概括大意，似乎是在影射她自己的婚姻：

精神失望和生理消退，这是大部分婚姻的宿命。双方都发觉他们退回到了各自婚前的状态——克制——然而，没了幻想，精神则更为匮乏。[21]

在写作《弗洛伊德》的整个过程中，桑塔格和里夫的婚姻关系出现了危机，并逐渐走向破裂。尽管桑塔格在婚前与其他男性有过恋情，在婚后的第一年里，她对里夫还是满怀激情的。[22]在她对自己的婚姻进行全面审视的时候，她意识到结婚一年之后，爱的激情已经开始消退。对于与日俱增的不如意她并没有立即采取行动，这毫无疑问是因为儿子大卫。蹊跷的是，在《弗洛伊德》的写作接近尾声的时候，她决定要有所行动。尽管她已经做出了分手的决定，但是正式离婚对于桑塔格而言就像是在梦中，她的行动迟缓而历时长久。她求助于日记，将整个过程记了下来。这也许是在内心里掐自己一把，让自己清楚这一切都是真的。有一段时期，在某种意义上那就是一场梦，只有她自己一个人清楚正在发生的一切——在婚姻的峰顶，桑塔格从套索中挣脱了出来，独自爬下了悬崖，手里依然抓着绳索。好久以后，她才告诉里夫她去意已决，然后割断了绳子。1957 年初，日记中关于婚姻的片段终于明了，“婚姻：一切都结束了”。[23] 她预订了她的逃离。她买了一张荷美邮轮（Holland America Line）的船票，从霍博肯港出发，历经 8 天，横渡大西洋。船票价值 260 美元。[24]

桑塔格已经向牛津大学提交了研究申请，打算在 1957 至 1958 学年度进一步深造哲学。申请得到了批准。同一时期，菲利普也得到了哈佛大学的研究职位。暂时分开已是板上钉钉的事情。大卫马上就要 5 岁了，要留给菲利普的家人照料。离开儿子也许是她最难做出的决定。5 岁时，桑塔格失去了父亲；现在，在同样的年龄，大卫将要失去他的母亲（结果，在某种意义上他也失去了父亲）。但愿分离只是一年时间。

1957 年的夏天，桑塔格和里夫之间的关系令人担忧，他们就要分道扬镳。大卫后来写道，这次分别实际上给父母的婚姻画上了句号，只是当时没人承认罢了。[25] 两个人似乎知道发生了什么，然而一切又好似蒙在雾里：这只是暂时分开，不是真的终结。桑塔格在《书信场景》中这样写道：“我们是要携手终生的。这只是给我一次休假的机会，让我们去做学术研究。”[26]不过，他们有争论，也有拥抱。最后一天晚上，天快亮时儿子醒来并大声叫喊，桑塔格就去了儿子的卧室，陪在儿子的身边。临近晌午，菲利普将行李装上车子，开车送儿子去芝加哥爷爷的家里。桑塔格的日记中有一个虚构的故事，桑塔格就是故事中的“李”（Lee 是苏珊的中间名），菲利普就是故事中的“马丁”（Martin 是菲利普弟弟的名字）。苏珊在这个故事中重述了在剑桥最后几天的生活、他们所做的决定以及造成的后果：李想去欧洲，用一年的时间去旅行。马丁想在那年写完“那本书”。然后两人一同申请去国外。李犹豫不决，她不能再等。也许，桑塔格想在时机成熟的时候，将这个故事写成一本自传体小说。

与此同时，在已成常态、每天必写的日记中，她在极度兴奋的情绪中记下了在剑桥最后几天的生活，每天的日记长达数页。这表明，假若菲利普对这些变故的重大意义还蒙在鼓里，那么苏珊已经了然于心。反常的情况是，她几乎每小时都在记录发生的事情。她注意到，在准备离开的过程中，她和菲利普从未正式道别，他们不再争吵，而实际上他们只是不再说话。菲利普和大卫离开了。刚开始的时候，她独自一人不知要做什么。家人走了，她自由了，留下一片死寂。随后的几天里，日记中透露着兴奋、忧惧和焦躁的情绪。她忙着做好多事情：收拾东西，修改《弗洛伊德》的部分章节，吃零食，去见她的哲学教授，看电影，读书，为旅居欧洲做准备，读海明威的《太阳照样升起》（*The Sun Also Rises*，“乏味”）。她想写一篇哲学方面的论文，可总是提不起兴趣。她感到焦躁不安，在屋子里走来走去。在那几日里，她觉得自己在家里一定踱出了好几英里的路。[27]可是，到了 9 月 3 日，当她要动身前往纽约的时候，她差点误了那天下午的火车，最终总算及时赶到了车站。两天以后，她就要坐船前往英国了。

在纽约的最后一个上午，她和彼得·哈伊杜共进早餐，那时哈伊杜在哥伦比亚大学攻读硕士学位。桑塔格在最后一刻才急匆匆地赶到了码头，轮船在 11:30 起航。她发现雅各布·陶布斯等站在上船用的步桥旁为她送别——他已经等了一个小时。他跟在轮船的后面挥舞着手臂，直到看不见她为止。桑塔格发觉自己紧张不安，无法站在甲板上欣赏纽约在天际留下的风景。横渡大西洋要花一周多的时间，这足够她去反思自己的所作所为。到了英国，苏珊和朋友简·戴格拉斯（Jane Degras）一起逛了伦敦的几处景点。在 9 月的最后一周，她俩又去了佛罗伦萨，在那里逗留了几日。

桑塔格在牛津大学圣安妮学院度过了短暂的一年。在她当时的同学朱迪丝·格罗斯曼（Judith Grossman）写的自传体小说《她自己的标准》（*Her Own Terms*，1988）中，桑塔格的身影时有闪现：她一眼看上去就是个外国人，她背井离乡，招人喜爱，信心满满，一身黑色衣服，对什么都讳莫如深——尤其是有关她的过去以及她留在美国的丈夫和儿子。当她的同龄人了解了实情后，她们大为惊讶。桑塔格才 24 岁，独自一人来牛津大学学习哲学，看不出她是个做了妈妈的人。从某种意义上说，在牛津度过的时光里她一直在"演戏"，只不过戏中的她是一个"实实在在"、无忧无虑、特立独行的学生。她对牛津大学也没有太当回事儿。尽管年纪轻轻，可是与同学相比她还是比较成熟，她有人生阅历，这让她感到自己有别于其他学生。她研修了由 J. L. 奥斯汀（J. L. Austin）讲授的哲学课程。那时，A. J. 艾尔（A. J. Ayer）和艾里斯·默多克（Iris Murdoch）也在牛津大学讲学。可是，整个学术氛围跟她所离开的美国的大学的情形又是何其相似。

1957 年底，她断然离开了牛津大学，前往巴黎，在索邦神学院继续学习哲学。“我在生活的海洋里随心漂流，发觉生活中完全可以没有他，”在《书信场景》中，桑塔格提到丈夫和这一时期时如此写道，“但是，我的确给他写信，每晚都写。”[28]在美国的菲利普鼓励她，说巴黎会很有趣。当苏珊告诉朋友安妮特·迈克尔逊（Annette Michelson）菲利普支持自己的做法时，安妮特意识到，菲利普这是在无意之间自己害自己。[29]

1957年和1958年的巴黎到处是有趣的人物。在索邦神学院，桑塔格去听西蒙娜·德·波伏娃（Simone de Beauvoir）——早在1952年怀大卫期间，桑塔格就阅读了波伏娃的《第二性》（*The Second Sex*）——关于小说及其种种可能性的讲座。她在巴黎首次参加知识分子（而非侨民）的鸡尾酒会的时间是在2月，地点是哲学家让·瓦尔（Jean Wahl）位于佩尔蒂埃街漂亮的公寓。在那里，她注意到一位男士长得像让-保罗·萨特（Jean-Paul Sartre）。[30]那时，莫里·斯梅洛·庞蒂（Maurice Merleau-Ponty）、路易斯·阿尔都塞（Louis Althusser）、克洛德·列维-施特劳斯（Claude Lévi-Strauss）和罗兰·巴特（Roland Barthes）正在进行激烈的意识形态的交锋。毫无疑问，桑塔格从中汲取了宝贵的学术营养。而她在写一篇讨论“伦理学形而上的假设”的论文时，由于进展缓慢，她逐渐对哲学失去了兴趣，却在其他艺术领域找到了灵感。[31]

在巴黎期间，她对戏剧兴趣盎然，她观看了路易吉·皮兰德娄（Luigi Pirandello）的《亨利四世》（*Enrico iv, Ce soir on improvise*）、让·拉辛（Jean Racine）的《安德罗玛克》（*Britannicus*）、贝托尔德·布莱希特的《高加索灰阑记》（*The Caucasian Chalk Circle*）和让·日奈（Jean Genet）的《女仆》（*Les Bonnes*），而且她在日记中写了相关戏剧的札记。[32]她还养成了热衷于看电影的习惯。她兼收并蓄，不分门类，不分俗雅。有时，她一天连续观看好几场电影，从弗朗索瓦·特吕弗（François Truffaut）、让－吕克·戈达尔（Jean-Luc Godard）以及罗伯特·布列松（Robert Bresson）的新作品中汲取养分。她忘情于讲述阿克拉城中豪喀（Hauka）教派的宗教狂热的让·鲁什（Jean Rouch）的电影《疯癫大师》（*Les Maîtres fous*）、施特罗海姆（Stroheim）的《情场现形记》（*Foolish Wives*）和一部差点儿让她号啕大哭的马赛尔·卡尔内（Marcel Carné）的电影《诺让：星期天的乐园》（*Les Enfants du Paradis*）。[33] 同时，她也阅读了纳撒尼尔·韦斯特（Nathanael West）的《巴索·斯内尔的理想生活》（*The Dream Life of Balso Snell*）和伊塔洛·斯韦沃（Italo Svevo）的《季诺的意识》（*The Confessions of Zeno*）。桑塔格也注意到当时由阿兰·罗比－格里耶（Alain Robbe-Grillet）、米歇尔·布托（Michel Butor）和娜塔丽·萨洛特（Nathalie Sarraute）宣讲并实践的新派小说，以及萧沆（Emil Cioran）、米歇尔·莱里斯（Michel Leiris）和乔治·巴塔耶的作品。

这一时期的桑塔格依然在体验生活，并从中汲取养分，她还没有进行正式创作。不过，在她来到左岸（Left Bank），在雅各布街的屋子安顿下来后不久，她就在日记中开始了“人物速写”。其中写的大部分内容是她在巴黎遇见的侨民。他们都过着圣日耳曼德佩区风行的“咖啡馆生活”：白天写作或画画，晚上穿梭于好几家咖啡馆。桑塔格将他们刻画成这样一个群体：他们行为古怪，但却魅力四射，他们多少经受过生活的创伤。桑塔格给他们每人写的微型传记虽然只有短短数行，但却在一瞥之间直击要害。她经常会在瞬间对人做出判断，她的反应往往是极端化的。若是喜欢一个人，她会和他说个不停，毫无保留，马上成为他的朋友，或者做他的仰慕者；若是不喜欢，她就会展露出练就的冰冷面孔。在巴黎，由于她过着双面生活——菲利普从美国寄来的家信中越

哈里特和苏珊在巴黎（苏珊位于中间，最右侧是哈里特），拍摄于 1958 年。

来越多的抱怨和要求提醒了她——她也意识到在社会交往时人们戴着面具。比在牛津生活时更为严重且不同的是，她在巴黎的生活像是在演戏。她的过去与现在截然断裂，只有这裂缝才是她重塑自我的空间。伊夫·贾菲（Irv Jaffe）记得桑塔格曾经去“美国运通”业务处收取《弗洛伊德》书稿的校订稿。这预示着她人生的另一章快要翻过去了。[34]

在桑塔格用文字构建的“画廊”里展出的是她在圣日耳曼德佩经历的咖啡馆生活，尤其聚焦于这样的人物：他们都有着坎坷的过去，而且给自己重塑了新的身份。有一位叫“J”的法国犹太人，年近 30，总是喝得酩酊大醉或处于迷幻状态，他把白色粉末装在瓶子里，有一个私生子，父母丧命于纳粹集中营。赫塔·奥斯曼（Herta Haussmann）是一位德国画家，她在蒙帕纳斯街区有一间自己的画室，她有个男友，是匈牙利人。埃利奥特·斯坦因（Elliott Stein）

是一名驻法记者，为总部设在伦敦的《歌剧》（*Opera*）杂志工作。他是个电影迷，对“刻奇”（kitsch）艺术具有极高的鉴别力。他的文化品位影响了桑塔格后来有关“坎普”（Camp）的论述。28岁的艾里斯·欧文斯（Iris Owens）是纽约人，他使用“哈里特·戴姆勒”（Harriet Daimler）的笔名写了5部色情小说，明媒正娶了一名希腊雕塑家。里卡多·维格尔（Ricardo Vigón）是一位年轻的古巴诗人，为联合国教科文组织做西班牙语翻译工作。萨姆·沃尔芬斯坦(Sam Wolfenstein)是一位数学家,他收藏了大量书籍。艾伦·金斯堡和他的男朋友彼得·奥尔洛夫斯基（Peter Orlovsky）在吉乐心路（Gît-le-Coeur）9号的下榻处成为后来所称的“垮掉派酒店”。

当然，这里还要提到哈里特·索默斯。苏珊来巴黎前就联系过她。哈里特最近在和一位古巴画家玛丽亚·艾琳·方尼斯（María Irene Fornés）——她不久后成了一名剧作家——谈恋爱。在方尼斯回到纽约之前，两人住在位于塞纳河路的普瓦图酒店。在巴黎，就像戈达尔的电影《筋疲力尽》（*A bout de souffle*）中的让·塞伯格（Jean Seberg）——也许，戈达尔曾见过哈里特这位年轻的、充满活力的高个子美国女孩——哈里特为《纽约先驱论坛》（*New York Herald Tribune*）报社工作；她也从事过翻译工作，她为欧贝里斯克（Obelisk），即后来的奥林匹亚出版社（Olympia Press）的出版商莫里斯·吉罗迪亚（Maurice Girodias）翻译过作品，其中包括萨德（Sade）的《瑞斯丁娜》（*Justine*）。这家出版社以出版色情和先锋派作品而著名，比如贝克特（Beckett）的《瓦特》（*Watt*）、纳博科夫（Nabokov）的《洛丽塔》（*Lolita*）。[35]

回忆起在巴黎度过的时光，哈里特无比怀念：

50年代在巴黎的那几年，我们过着开心的生活……当时，我

在巴黎的《先驱论坛》工作，从下午 6 点开始，一直到午夜，一周工作 6 个晚上。这对当时我这个“夜猫子”来说再好不过了。下班后，我坐地铁从香榭丽舍大街出发到摩纳哥、波拿巴、双叟和塔布去玩。有时会玩到破晓时分。和我们一起的都是些来自世界各地的有趣的年轻侨民，其中包括阿尔弗雷德、艾略特·斯坦和里卡多·维格尔。我们从蒙帕纳斯出发，游逛到圣日耳曼大街，甚至远到蒙马特高地。然后，我们各自回到旅馆，一直睡到第二天正午。起床后就在雷斯蒂阿斯餐馆、于连酒家或者美艺酒馆饱餐一顿，然后去露天咖啡馆——老海军、斯利特和多摩咖啡馆——一直待到下午5:30，这才回到贝里街准备去上夜班。[36]

这便是桑塔格开启的新生活。10 年前，哈里特在伯克利把苏珊从性的困惑中解放出来；如今，她又进一步将她从没有自由的婚姻中解放出来。苏珊惊诧于哈里特的美貌——先前，她从来没有认为哈里特有多漂亮。1958 年，尽管她俩之间的关系充满变数，但这并不妨碍哈里特又一次解放了苏珊。而同时，苏珊承受着爱的煎熬。哈里特还没有从她和方尼斯漫长的恋情中解脱出来，苏珊对她的旧爱也是忽冷忽热。

1958 年 1 月 6 日，苏珊和哈里特住进了天宇酒店的一间客房，一住就是 9 天。苏珊沉浸在她们再次牵手的喜悦中。然而，哈里特却表现得有些疏远，她提不起兴趣，有时还忧心忡忡。有几个晚上，苏珊等不到她回来，于是心生妒意，烦躁不安。这段时间，她们两人都在记日记。在这段恋情的早期，一个小插曲让苏珊苦不堪言。苏珊读了哈里特的日记，看到了针对她本人的刻薄之语。实际上，哈里特在日记中坦言，尽管她清楚苏珊非常迷人，但是她在苏珊身上感受不到性的吸引：“先前，若是没有性的欲望，或者没有炽热的感情，我不会和任何人住到一起。这真是堕落！我觉得糟糕透了——真让人忧心，让人郁闷。”[37]

1月16日，在苏珊生日那天，她们搬到了普瓦图酒店，这是哈里特和艾琳住过的地方。艾琳的身影浮现在眼前，两人的关系骤然升温，这让苏珊彻底深陷爱的煎熬和爱的绝望之中。[38]“我和她有时只是逢场作戏，”哈里特在日记中写道，“这太可怕了，但我有什么办法呢？我对她就是没有感觉。”[39]尽管如此，她们还是一同搬进了萨姆·沃芬斯坦公寓，筹划夏季去旅行。虽然哈里特一脸的冷峻，但是她害怕孤独。因此，苏珊也就委曲求全，讨她开心。

与此同时，菲利普的书信一封接着一封，说他被炒了鱿鱼，正在纽约找工作。他还没有确切地搞清楚发生的一切。桑塔格仍然没有正式和他摊牌。在异国，苏珊一直盘算着离婚，只是来信显示丈夫的处境越来越不妙。虽然哈里特让苏珊感到痛心，她俩不合适在一起，她俩的关系带来的只有痛苦，但是苏珊已经不可能退回到以前的生活中去了。她给菲利普的回信也越来越少，他甚至讨厌拆阅他的来信。当他写信说，他在伯克利找工作的事情很快就会有着落时，苏珊感到很欣慰，因为这只会让分手之事变得容易些。[40]可是，她不能写信要求离婚，她得亲口告诉他。苏珊写道：“我给他写信时要尽量显得有爱心。我得一直等到回去再说。”[41]

4月，哈里特和苏珊一起去了西班牙和摩洛哥，她们花了两周时间游览了马德里、塞维利亚、加的斯和丹吉尔。到了马德里，她们在普拉多博物馆参观了博斯（Bosch）的画作。然后她们去购物。哈里特说的是西班牙语，因此苏珊再次意识到艾琳对哈里特挥之不去的影响。去塞维利亚时，她们坐的是三等车厢，在路上

苏珊在塞维利亚，拍摄于1958年。

吃了不少苦头——那个夏天，她们出行都是节省着花钱，搭乘便车，住便宜的旅馆。在塞维利亚，她们观看斗牛，听士兵在大街上列队行进。苏珊一路寻找，来到加的斯古城。她们沿着海边古老的城墙一路走去，城墙看上去既美丽又令人感伤。[42] 她们乘公共汽车去了阿尔赫西拉斯，在码头吃海虾，等着坐船前往丹吉尔。在摩洛哥，她们住进一间宽敞的屋子，从屋内就能看到美丽的海景。她们品着薄荷茶，听着从苏丹的王宫飘来的阿拉伯风格的音乐。不过对于苏珊来说，这次旅行并不尽意。她们并没有争吵，但两人也没有那么亲密。回到巴黎一段时间后，5 月她们又去了德国。她们搭上了一个荷兰人的便车，车子沿着高速公路奔跑，途经达豪县，她们只是匆匆一瞥。在慕尼黑，战争留下的残垣断壁和满街的美国大兵给苏珊留下了难以磨灭的印象。她们继续前行到了柏林，然后到汉堡去看望她们的朋友莱因哈德（Reinhard）。莱因哈德是一名画家，对苏珊心怀爱慕。

哈里特说，她感到苏珊抢了她的风头，那年夏天，见到她们的人都认为苏珊很美。[43] 7 月，她们去了希腊。在雅典酒馆的花园里，她们观赏了布祖基琴舞蹈。她们还参观了雅典卫城。她们在位于艾丽匹多（Evripidou）街道一处繁华市场旁的旅馆住了下来，最后才意识到那是一家妓院。[44] 她们又开始争吵，不过还是一同前往许德拉岛。在特尔裴城，苏珊看到了美丽的高山峭壁、大海、散发着清香的松树林、炙热的骄阳，以及泛着银光的橄榄树丛，恰如翻滚的迷雾在山坡的高台上摇曳。从此以后，她就爱上了旅行，一生乐此不疲。那个夏天给她以后的出行定下了基调。在后来的许多次旅行中，她再也没有改变过：每次都是在巴黎和欧洲的其他地方长时间逗留，然后才（而且总是）回到纽约。在希腊的那个夏天，她知道自己和哈里特的关系不会长久。正如她在日记中所说，没有哈里特，日子照样可以对付着过下去。[45]8 月，她离开了希腊，也离开了哈里特。

然而，这并不意味着她要回到菲利普的身边。多年以后，苏珊在她的小说《在美国》（*In America*）的“序”中写道，她只用了 10 天的时间就结了婚，却花了好几年的时间才鼓足勇气离婚。终于，她认为自己在道义上有这个权力。[46]后来，她偶尔会说“我把自己将近 10 年的人生搞丢了”，这是指 20 世纪 50 年代她和里夫做夫妻的那几年。[47]她还说，自己把人生的顺序搞颠倒了：她的成年生活抢在了青春生活的前头。[48]她协助——不只是协助——丈夫写了一本专著；她写了一篇学位论文；她在日记中写下了大量的笔记。然而，在世人的眼里，她根本算不上个作家。她还有很长的路要走。1958 年底，桑塔格回到了美国，回到了儿子的身边。一回国，菲利普就开车来接她，而她当即就告诉他，一切都结束了。

注 释:

1. Susan Sontag, *Reborn: Early Diaries, 1947–1963*, ed. David Rieff (London, 2009), p. 89.
2. Ibid., pp. 43–44.
3. Susan Sontag, *As Consciousness is Harnessed to Flesh: Diaries, 1964–1980*, ed. David Rieff (London, 2012), p. 361.
4. 参阅 Phillip Lopate 的著作对桑塔格的描述：*Notes on Sontag* (Princeton, NJ, 2009), p. 78.
5. Susan Sontag, 'The Letter Scene', *New Yorker*（1986 年 8 月 18 日）, p. 28.
6. *As Consciousness*, p. 5.
7. Ibid., p. 336.
8. *Reborn*, pp. 83, 88–89.
9. Ibid., pp. 100–101.
10. Ibid., p. 119.
11. Carl Rollyson 在他和 Lisa Paddock 合著的书中指出了这一点：*Susan Sontag: The Making of an Icon* (New York, 2000), p. 41.
12. Sigrid Nunez, *Sempre Susan* (New York, 2011), p. 124.
13. 此处是对《弗洛伊德：道德家的思想》的简称，后面章节同此。（译者注）
14. Philip Toynbee, 'Critique of Freud', *Encounter* (1960 年 4 月), pp. 73–75.
15. Susan Sontag, *Illness as Metaphor and AIDs and Its Metaphors* (London, 2002), p. 3.
16. 拉尔夫·沃尔多·爱默生(Ralph Waldo Emerson, 1803-1882)，美国思想家、文学家、诗人。（译者注）
17. Philip Rieff, *Freud: The Mind of the Moralist* (New York, 1961), p. xx.
18. Ibid., p. 84.
19. 库尔特・施维特斯（1887—1948）是德国达达主义的代表人物，他将自己的集合艺术统称为"默茨"，这是他自创的艺术概念。（译者注）
20. 将施维特斯的"默茨"装置与心理分析进行比照的段落出自桑塔格之手，更多证据可以参阅桑塔格讨论"偶发艺术"的文章，措辞稍有改变。见 Susan Sontag, 'Happenings: An Art of Radical Juxtaposition', 出自 *Against Interpretation* (London, 2001), p. 270; Rieff, *Freud*, pp. 83–84.
21. Rieff, *Freud*, pp. 338–339.
22. *Reborn*, p. 191："在第一个年头里，我的确对菲利普满怀激情。"
23. Ibid., p. 103.
24. Ibid., p. 141.
25. Ibid., p. 150.

26. ‘The Letter Scene’, p. 27.
27. *Reborn*, pp. 147, 149.
28. ‘The Letter Scene’, p. 28.
29. *Reborn*, p. 181.
30. Ibid., pp. 196, 191.
31. Rollyson and Paddock, *Susan Sontag*, p. 42.
32. *Reborn*, pp. 179, 186（皮兰德娄）, 183（拉辛）, 192（布莱希特）, 193（日奈）。
33. Ibid., pp. 175（鲁什）, 198（施特罗海姆）, 178（卡尔内）。
34. Rollyson and Paddock, *Susan Sontag*, p. 46.
35. Alice Kaplan, *Dreaming in French: The Paris Years of Jacqueline Bouvier Kennedy, Susan Sontag, and Angela Davis* (Chicago, IL, 2012), p. 98.
36. Harriet Sohmers Zwerling, ‘A Memoir of Alfred Chester’, *Raritan*, XII/3（1993 年冬），收录于 Harriet Sohmers Zwerling 再版的 *Notes of a Nude Model* (New York, 2003); 也作为“后记”收录于 Alfred Chester 的 *Jamie is My Heart's Desire* (Boston, MA, 2007), p. 269.
37. Harriet Sohmers Zwerling, ‘Memories of Sontag: From an Ex-Pat's Diary’（1958 年 2 月 5 日），出自 *The Brooklyn Rail* (2006).
38. *Reborn*, p. 188.
39. Sohmers Zwerling, ‘Memories of Sontag’（1958 年 2 月 25 日）。
40. *Reborn*, pp. 189, 195.
41. ‘The Letter Scene’, p. 31.
42. *Reborn*, p. 200.
43. Sohmers Zwerling, ‘Memories of Sontag’（1958 年 6 月 23 日）。
44. Ibid.
45. *Reborn*, p. 209.
46. Susan Sontag, *In America* (London, 2001), p. 24.
47. 参阅 Nunez 对桑塔格的讨论：*Sempre Susan*, p. 124.
48. Leland Poague, ed., *Conversations with Susan Sontag* (Jackson, MS, 1995), p. 266.

III 纽约！纽约！（1959—1965）

1959 年初，桑塔格来到纽约，身边只有儿子大卫。她下定决心要独立生活，再次和过去的生活一刀两断。她先得找个住所，找个办法养活自己。律师建议，她有权从菲利普那里拿到生活费，但是她拒绝这样做。她得尽快适应这座城市的生活。她目睹了牛津、巴黎、西班牙以及希腊的美丽，在她眼中纽约明显缺乏美感，这简直令人不可接受。她带着大卫，身无分文，法庭对离婚诉讼还未做出判决。来到纽约不久之后，她就在日记中指出，这座城市真是丑陋极了。“但是我喜欢在这里，甚至喜欢上了《评论》（*Commentary*）杂志。”在纽约的前 6 个月里，她在这家杂志社找了一份工作，出任该杂志社的编辑。[1] 她在西区大道 350 号租下了一套两室公寓，在廉价商品店买来材料对其做了简单装修。[2] 那时，大卫只有 6 岁，他记忆中的这段时期是“空头的承诺，令人不适但却令人着迷”。[3] 同样地，苏珊以童话故事《三姐妹》（*The Three Sisters*）中的人物作比，饱含感情地说：“我惊喜极了，就像伊琳娜呼唤莫斯科，我脑子里想的全是纽约！纽约！”[4]

从哈佛的异性婚姻中解脱出来，纽约在向她招手，这让她无比兴奋。“一切都烟消云散，我的失败的婚姻不复存在了，”她在日记中写道，“就好似中了魔法，那不快乐的童年记忆也瞬间释怀。”[5] 对菲利普而言，此次婚变就是一场灾难。这一点苏珊早就料到了。她在日记中说，这次打击将给他留下永远的伤痛。不过，她还是和他离婚了。有一段时间，大卫经常往返于住在纽约的母亲和住在斯坦福的父亲之间。到了夏天，大卫就到斯坦福去，和父亲生活在一起。此时，桑塔格的娘家人和里夫都住在加利福尼亚。

与菲利普分手反倒使苏珊获得了巨大的动力，她要开辟出一条有别于里夫的写作之路。当然，她继承了他的严谨和学术素养。在整个20世纪60年代，她沿用这种风格，充分发挥并发展它。后来她意识到，她总能从亲密关系中富有创造性地汲取养分。博士论文的写作被她不声不响地放在了一边。不过在今后的10年里，她偶尔会想起这件事，想要完成博士论文的写作。她开始在纽约寻找与学术相关的教学工作。1959年秋，她被聘请为讲师，在萨拉劳伦斯学院和纽约城市学院讲授哲学。第二年，桑塔格和她的老朋友雅各布·陶布斯、苏珊·陶布斯一起在哥伦比亚大学讲授宗教社会学课程。

在纽约的第一年，苏珊也遇见了玛丽亚·艾琳·方尼斯，她们成了一对儿，结果哈里特被排挤出了她的两位前女友的生活圈子。当然，这是一个渐进的、必然的过程，其中的原委很难说得清楚。在巴黎的时候，苏珊生活在艾琳的阴影里，她感到无比痛苦。如今在纽约见到艾琳，她一定感觉很奇怪。相遇之前，苏珊没有理由不对她心怀怨恨。但是，情况却发生了逆转：她被艾琳深深地吸引。1959年的夏天，哈里特从纽约回来了，和苏珊待了些时日。苏珊张罗了一次聚会，为她接风洗尘。聚会上，哈里特喝得酩酊大醉，在跳舞时摔倒了，碰伤了鼻子。[6]到了年底的时候，艾琳接替哈里特，成为她日记中雷打不动的主角。这样，苏珊渐渐疏离了哈里特，其中不乏讽刺，这对苏珊来说也是一种胜利。在她们先前的交往中，哈里特觉得自己在忍受，她没有真正爱过苏珊。分手来得很突然。有一天，哈里特去了苏珊的住处，发现她不在——她在艾林那里，跟艾琳在一起。艾琳打电话告诉哈里特，现在她跟苏珊走到了一起。[7]在日记中，苏珊责备自己让艾琳打了这个电话，自己却躲到了另外一间屋子。[8]

哈里特让桑塔格获得了解放——多年前发生在伯克利的性解放，以及后来发生在巴黎的婚姻解放。但是，苏珊从艾琳那里想要的不只是婚恋。不管艾琳和谁在一起，她都妒火中烧。她对艾琳极为苛求，对她有很强的占有欲。[9]后来苏珊写道，哈里特是她“新生”（new being）的“预演”；而艾琳才是那个真正地让她脱胎换骨的人，是艾琳引领着她进入生命的新天地。[10]就欲望而言，相比哈里特，苏珊与艾琳更能做到琴瑟和鸣。

艾琳后来也成了作家。她长得小巧玲珑，黑色的卷发剪得很短，两只灵动的棕色眼睛以及天真无邪的表情掩盖了她激情澎湃的天性。1930 年，艾琳出生在哈瓦那。1945 年父亲去世后，她跟随母亲从古巴来到了纽约。最初，她想成为一名画家。20 世纪 50 年代中期，她去法国游学，后来，在罗杰·布林（Roger Blin）的启迪下，她在巴黎搞起了戏剧创作。罗杰·布林对贝克特的戏剧《等待戈多》（*En attendant Godot*）进行了独创性的编导（艾琳说，虽然她不懂法语，她还是从中受到了启发）。从欧洲回到美国，艾琳首先从事纺织设计工作。她与苏珊彼此激励，创作了自己的第一批剧作；苏珊则尝试着写作小说。写作成了她们恋情的核心部分。与哈里特相比，艾琳在性方面更彻底地释放了苏珊的天性；而且，苏珊后来认为，如果没有这档事，她也就不可能进行小说创作。正是小说创作把她与来自菲利普的影响截然分开。有时，她们在同一间屋子里写作。据诗人爱德华·菲尔德（Edward Field）反映，艾琳告诉他，她和苏珊“隔着桌子，坐在各自的打字机前，写到得意之处便停下来读给对方听”。[11]1961 年，艾琳的剧作《寡妇》（*The Widow*）第一次公开发表，两年后又发表了《你，死定了！》（*There! You Died*）。从此，她开始了漫长的、先锋派戏剧创作和导演的艺术生涯。

阿尔·卡米尼斯（Al Carmines）、玛丽亚·艾琳·方尼斯、哈里·库图卡斯（Harry Koutoukas）和拉里·科姆菲尔德（Larry Kornfield）坐在位于西村的西诺咖啡馆的桌旁，拍摄于1966—1967年。

和艾琳在一起的同时，苏珊也开始在纽约和作家阿尔弗雷德·切斯特（Alfred Chester）交往。阿尔弗雷德是个很张扬的男同性恋者。在巴黎的时候，哈里特和艾琳的关系起起落落，切斯特一直是她们最信赖的朋友。早年他住在布鲁克林，自从1951到了巴黎，他就一直生活在那座城市。阿尔弗雷德身体羸弱，像个小孩；但是他世故老成，对谣言喜闻乐道。他总觉得自己是个局外人，这一部分归因于他童年时罹患的一种疾病：在7岁的时候，他的头发包括眉毛和睫毛全都掉光了。1946年，辛西娅·奥齐克（Cynthia Ozick）在纽约大学的写作课上和切斯特相遇，她对切斯特有些夸张的外貌描述令人过目难忘："阿尔弗雷德，这位来自布鲁克林的家伙，双眼就像漂白过似的，几乎变成了黄色，没有睫毛，光秃秃的脑袋就像一只苹果，腰身滚圆，活像个肉蛋，抖动的短指头看上去软乎乎的，黄色的假发（毫不夸张地说）在那亮光光的秃顶上晃来晃去。乔治·普利普顿（George Plimpton）和吉米·鲍德温（Jimmy Baldwin）等等，这帮人阿尔弗雷德全都认识……"[12]掉光了头发，后来又失去了假发，这让切斯特非常苦恼。据说，他的假发是橘红色或橘黄色，戴在头上很不协调，一副怒

阿尔弗雷德·切斯特和《巴黎评论》及《默林》的编辑们在土伦咖啡馆外，拍摄于1954—1955年。阿尔弗雷德位于中间一排右数第二位，戴着眼镜，系着围巾。

发冲冠的滑稽样子，这让他一辈子都感到不自在，感到丢脸。20世纪60年代，在一次厨房事故中，他的假发无意中被烧毁。由此，他第一次不戴假发出现在众人面前。从此，再也没有人提起过他那令人注目、稀奇古怪的假发。[13]

切斯特在巴黎的头几年预示了他前途无量。他与《巴黎评论》（*Paris Review*）、亚历山大·特罗基（Alexander Trocchi）主编的《默林》（*Merlin*）、玛格丽特·卡塔尼（Marguerite Caetani）亲王夫人的《幽暗坊》（*Botteghe Oscure*）因文学而建立起了关系。1955年，切斯特出了一本短篇小说集《未知地带》（*Here Be Dragons*）。1956年，他的第一部小说《杰米是我的爱恋》（*Jamie Is My Heart's Desire*）面世。[14]在奥齐克的回忆录《阿尔弗雷德·切斯特的假发》（*Alfred Chester's Wig*，1992）中，她恶作剧式的评论既是褒奖又是贬抑。她写道："切斯特的巴黎小说很精致，情节紧凑，文笔典雅，好像出自文坛老将之手。这些作品带着浓烈的翻译腔，似乎是从某位大名鼎鼎的欧洲古典作家那里翻译而来。可是，要确定这位大师到底是谁又让人犯难，也许是科莱特（Colette），也许是纪德，也许是《死于威尼斯》（*Death in Venice*）的作者。"[15]奥齐克对他心怀景仰，甚至心藏嫉妒。

20世纪50年代末，切斯特去了希腊的萨拉米斯岛，一待就是好几个月，之后回到了纽约。他把这次经历写进了他在纽约创作的小说《萨拉米斯岛上的战争》（*A War on Salamis*），靠着这本书的稿费他回到了美国。苏珊仰慕阿尔弗雷德的才华，他是苏珊结识的成功作家之一。阿尔弗雷德·切斯特出生于1928年，比苏珊大几岁，他的父亲捷克（Jake）跟苏珊的父亲杰克（Jack）一样，也是从欧洲移民到美国的犹太人，同样从事毛皮贸易。黛安娜·阿希尔（Diana Athill）在她的回忆录《保持原状》（*Stet*，2000）

中提到，和阿尔弗雷德交谈时，他的行为举止绝对会让你以诚相待。1956 年，《杰米是我的爱恋》被交于安德烈·德意齐（André Deutsch）在英国出版。当时，阿希尔在安德烈的手下做编辑，由此认识了阿尔弗雷德。她“立刻意识到，和这个人打交道，没有什么好隐瞒的……（当然，在敞开心扉的同时，还是私藏了一点小秘密：我永远也不会跟他说假发的事。）”[16] 苏珊也是这么想的。到 1960 年为止，苏珊一直在日记中说起自己存在的毛病：轻率、张扬——她在日记中将其称作“X”——她注意到阿尔弗雷德也犯有同样的毛病。[17]

回到纽约，阿尔弗雷德身无分文，穷得叮当响。但是，他长于巧取，很快就在位于沙利文街的格林威治村搞到了一处带有屋顶花园的公寓。他把未写完的小说《我，及其他》（*I, Etc.*）放在一边[18]，开始给各种刊物——《评论》、《党派评论》、《纽约先驱论坛报图书周特刊》（*New York Herald Tribune Book Week*）及《纽约书评》（*New York Review of Books*）——撰写大量约定的评论文章。很快，苏珊就要在这些刊物上发表自己的文章了。阿尔弗雷德是个无所畏惧的批评家，他的许多最让人称道的评论文章都很机智，他批评起来毫不留情。这些文章都是在面临催稿的情况下，不得不靠服用地塞米尔（安非他明—巴比妥酸盐类药物），强撑着赶出来的。[19]（苏珊也服用地塞米尔多年。显然，从 20 世纪 60 年代开始，直到 20 世纪 80 年代早期，她一直服用这种药物，刺激自己进行写作。[20]）

很快，切斯特就因为自己写的评论文章而恶名远扬。他承认写批评性文章就是为了赚钱，而他却渴望回归小说创作。阿尔弗雷德擅长的那种言辞尖锐、将人批评得体无完肤的文章，苏珊永远也不会去写。作为批评家，在对一部作品或者一位作家进行评论时，苏珊更倾向于阐释该作家或作品带给人们的启示，更倾向于满怀热情地讴歌。在涉及更广泛的文化议题时，她不会轻易站边排队，力图诊断出宏大的文化主题。不管怎么说，在纽约的这几年，阿尔弗雷德高强度的写作生活让苏珊首次近距离地看到了批评家们的工作样态。他帮助苏珊揭开了笼罩着纽约文艺批评界的面纱。

1960年初，苏珊与艾琳经常向阿尔弗雷德倾诉她们之间的怨言、争吵以及怎样又和好如初。她们和阿尔弗雷德一起外出就餐（有时还带着大卫），一起参加聚会。尽管大卫年纪尚小，但是苏珊还是充分利用了身处纽约的优势。她经常外出，去现代艺术博物馆和电影院。有那么几天，她似乎就吃住在电影院里。与她在巴黎时一样，苏珊对电影的热爱毫无保留，近乎虔诚。她总是坐在第三排的中间位置，这是她一辈子的习惯，为的是完全沉浸在影像的世界里。[21]她每个月都看好多部电影。有时候，她的日记本变成了一张张清单，记录着她看过的一部部电影。她不断地消化、吸收着在"第55街剧场"和丹·塔尔伯的"纽约客剧院"放映的外国电影。[22]

在哥伦比亚大学，在她与雅各布·陶布斯及苏珊·陶布斯讲授的课程中，桑塔格把来自中国、日本、印度的宗教和神话以及《旧约》（*Old Testament*）引入到课堂教学。与此同时，在莎拉劳伦斯学院，她经常迟到，甚至偶尔还会错过了上课。她为此感到沮丧。[23]这一时期，她也在着手发表她的首批评论文章，讨论各种主题，其中包括对弗洛伊德和安东尼奥尼（Antonioni）的讨论[发表后者时她使用了假名"卡尔文·考夫"（Calvin Koff）]。她的诸多兴趣相互交叉，有时候很难看得出来。1960年至1964年间就读于哥伦比亚大学的菲利普·洛帕特喜欢对别人讲述发生在一帮朋友身上的一件事：他们去上桑塔格的宗教导论课，桑塔格让他们去找一名叫罗伯托·罗塞利尼（Roberto Rossellini）的先生。后来他们才搞清楚，那个人在现代艺术博物馆工作。[24]

从 1960 年开始，桑塔格也着手写作题为“希伯莱特的忏悔”（*Confessions of Hippolyte*）或称“希伯莱特之梦”（*Dreams of Hippolyte*）的作品，后来成为她的第一部小说《恩主》（*The Benefactor*）。桑塔格后来说，我一边教学一边利用周末和两个夏天写完了这部小说。据她说，她在格林威治村的一家名为“费加罗”的咖啡屋和一位朋友交谈，结束谈话的当天晚上，她写下了小说开场的几句话。[25] 小说的大部分内容是在 1960 年和 1961 年的夏天度假时写成的。1960 年的夏天，她和艾琳在古巴待了 3 个月；1961 年的夏天，这对恋人去了欧洲，她们走访了巴黎、雅典和哈德拉岛，重复了 3 年前桑塔格与哈里特走过的行程。这时，桑塔格已经拿到了法勒－施特劳斯－吉鲁出版社（Farrar, Straus & Giroux）出版该小说的合同。这是因为出版商罗伯特·吉鲁和罗杰·施特劳斯阅读了小说的前几章，这已经让他们动了心。1962 年的上半年，《恩主》的写作终于停笔收官。[26]

这部小说将桑塔格与许多同时代的美国作家区分了开来，她并没有走他们遵循的现实主义的传统道路。日记显示，从《恩主》动笔时起，她似乎就在思考要成为什么样的小说家。她罗列出了好几位作家：索尔·贝娄（Saul Bellow）、拉尔夫·埃利森（Ralph Ellison）、伯纳德·马拉默德（Bernard Malamud）及菲利普·罗斯（Philip Roth）。她注意到，这些作家所要应对的无一例外都是日常的美国经验。[27] 她不会像他们那样去写作。吸引着她的是堪称国际经典的作家，比如塞缪尔·贝克特、豪尔赫·路易斯（Jorge Luis）、博格斯（Borges）、弗朗茨·卡夫卡和弗拉基米尔·纳博科夫（Vladimir Nabokov），他们才是她的典范。她对当代美国作家的排斥与她对当下美国生活的排斥是一致的，而后者又与她的成长环境、家庭背景及性取向紧密关联。小说《恩主》呈现在读者面前的是欧洲的文学传统与美国超现实主义的杂糅。它延续了坡、杜娜·巴恩斯和纳撒尼尔·韦斯特的文学创作脉络。她从自己有关弗洛伊德的写作，以及她从事哲学、神话和宗教的教学实践中汲取思想资源，她的小说《恩主》关注的不是清醒状态下的生活，而是梦境对逻辑的背反，以及内心“晦暗不明的那一半”。[28] 在《弗洛伊德：道德家的思想》中，桑塔格和里夫写道，“坡、波德莱尔（Baudelaire）、兰波和尼采所着迷的皆是勃朗宁（Browning）所称的‘险象环生的物之边界’”——这个幻影重重的疆域正是《恩主》所呈现的世界。小说开头便是德·昆西（De Quincey）和波德莱尔的格言警句，说的是梦的恣意妄为。随之便是笛卡尔（Descartes）式的一句话：“我梦，故我在。”[29]

桑塔格后来在日记中写道，《恩主》是一部以极端的形式对“自我意识”和唯美主义进行探究的小说，这是受了波德莱尔在其小说《我赤裸的心》（*My Heart Laid Bare*）中对公子哥所进行的刻画的影响。[30] 波德莱尔写道，这位公子哥应当心无旁骛地追求崇高的精神，他应当在镜子面前生活和休憩。《恩主》中的叙述者希伯莱特是一位富有的唯美主义者，年过花甲，在回忆自己走过的人生。与波德莱尔刻画的公子哥相似，希伯莱特也在自我的世界里做了颓废而稀奇古怪的事情。如小说所述，他这一辈子做的一件事就是理解、搜集并最终去体验自己的梦。他试图让做梦成为自己的专职。小说就是主人公的回忆录，是一部《梦的解析》（*Interpretation of Dreams*），是对无意识的索引——希伯莱特以一种机智的、格言式的散文体对自己的梦中人生进行了追溯；他刻意仿古，虽然一本正经，但趣味盎然。希伯莱特告诉我们，他在日记中还罗列了其他一些打算写进他的故事的标题——“我的离奇的梦、可怜的希伯莱特……一位自我陶醉人士的告白、笔记：

做梦高手谈做梦”——这些标题让希伯莱特的小说的目的比《恩主》更为清晰。[31]就像詹姆斯・乔伊斯的《芬尼根的守灵夜》(*Finnegans Wake*),或者萨尔瓦多・达利(Salvador Dalí)、马克斯・恩斯特(Max Ernst)及勒内・马格里特(René Magritte)谜一样的画作,《恩主》让梦中的生活成为被关注的焦点。

希伯莱特踏上了追寻自我超越、追求成功的旅程。他写道:“我所追寻的不是以梦来阐释人生,而是用人生来阐释我的梦。”[32]梦归属于无意识、非理性的范畴,它是人们每夜都有的另一半存在。它不应当在白天来临时被理性不耐烦地推到一边去,而是应当像希伯莱特那样去揣摩它,甚至依其行事。“所有的梦都是自我剖析的范例。”桑塔格在她的日记中写道,越是好梦,越难破解。[33]通过理解梦中人生的发展变化,希伯莱特企图理解本真的自己。

《恩主》的故事背景设在20世纪早期的巴黎。和奥齐克对切斯特的巴黎小说的尖锐批评相仿,这部小说有时读起来感觉像是从一本被人们遗忘的欧洲经典作品翻译而来。但是,由于具体细节被刻意隐去,或者细节本身已经模糊不清,小说营造出一种迷幻般的、超越时空的感觉。希伯莱特清醒时的生活与梦中的生活形成两条交替进行的叙事线索,二者互相映照,相互叠加。在梦境中,希伯莱特发现自己置身于各种超越现实的场景中。在他的第一个梦里,他渴望占有的那个女人把他囚禁在一间狭窄的屋子里,束缚他的锁链固定在墙壁上,她强迫他随着笛声起舞。在第二个梦里,他来到一个聚会,客人们在玩一种游戏,每个人使劲弯腰,成倒“U”字形去够地板。他赢了。希伯莱特认为,这两个梦都源自于性。第三个梦与宗教相关:他进入一个教堂,坐到了电椅上,飞了起来,越升越高。

在清醒的生活中,希伯莱特与一位朋友让・雅克会面。他是个作家，以前做过拳手。他白天写作，晚上做同性恋男妓。其余的日子里，他过着普通的吃饭睡觉的生活。希伯莱特跟随让·雅克去冒险，经历了他夜幕下的生活，甚至有一次还和他上了床。不过，在白天的时候，希伯莱特主要做的一件事就是勾引一位叫安德斯的贵妇。他发表了自己唯一的作品：一篇有关哲学的文章，提出了“针对一个无关痛痒之话题的重大观点”。[34]

在小说《恩主》的开头部分，希伯莱特的梦境和清醒状态之间的界限相对分明。但是，随着他清醒时的行为越来越离经叛道，二者开始相互交融。他和安德斯夫人来到一座阿拉伯城，将她卖了做奴隶。然后，他又去引诱安德斯夫人的女儿（“我没有意识到，在乐享她的母亲后，再把女儿搞到手是不成体统的行为”）。[35] 在有声电影兴起的头一年，他在一名北欧导演的手下做了一名演员，闯入了“电影，这个大众之梦的殿堂”。[36] 从阿拉伯城回来，他见到了安德斯夫人，惊骇地发现她肢体残废。他企图烧掉屋子，将她谋杀。但是阴谋是否得逞不得而知。父亲去世后，希伯莱特得到一笔遗产，就把城里的一处房子装修一番给安德斯夫人（或者说她的鬼魂）居住。他娶了一位军官的女儿，后来她身患白血病而死。临近小说结尾，希伯莱特似乎已经精神错乱，失去了对现实的感知力。他分不清他的梦从哪里终止，也分不清真实的生活从哪里开始。在小说的结尾，桑塔格给出了提示，她戏弄读者说，我们可能把小说的故事搞颠倒了：我们所认定的、希伯莱特清醒时的生活可能是他梦中的生活，而他的梦境可能是他现实中的生活。

《恩主》就是一个谜团。跟所有的梦一样，它引发读者对它进行阐释，却永远无法解开。桑塔格说，这部小说有“一整套晦暗不明的元素”。[37] 而且小说的设计也很巧妙，它是非对称性的。“我发现有些想法是对称的，有些想法却是非对称的，”主人公希伯莱特写道，“吸引我的却是非对称的理念，你从一边进去，走了一遭，却从截然不同的另外一边出来。”[38]阅读希伯莱特的故事，反复揣摩梦境与现实之间的关系，我们就会产生这种奇怪的感觉。

希伯莱特想通过梦境发现自我、实现自我。小说把这种努力表现得既令人敬佩，又让人感到可笑。他的追寻是要协调欲望与现实之间——尤其是性的欲望与现实之间——的冲突， 这是对《弗洛伊德》这本著作的回应。桑塔格和里夫在这部专著中写道：“最高级和最健康的自由不是去否定形形色色的情感，否定无意识领域的生活，而是在心知肚明的情况下满足这些情感需求。”[39]不可否认，希伯莱特对终极自我不切实际的追寻让桑塔格着迷。但是，对于他沉湎于自我的行为，桑塔格又予以尽情地嘲讽。在考察了实验戏剧的导演耶日·格洛托夫斯基（Jerzy Grotowski）的工作后，桑塔格在日记中说，格洛托夫斯基已经把《恩主》中有关自我超越的理念付诸实践。对于桑塔格来说，通过贯穿始终的反讽，她与这种理念保持着距离，而格洛托夫斯基却认真地实践了这个理念。[40]

阅读《恩主》的乐趣之一就是欣赏希伯莱特的叙述声音和他格言式的表述。作为小说家，桑塔格在写小说的时候似乎像是在写非虚构类作品。希伯莱特具有他的创造者桑塔格的全部才智。他发挥回忆录的文体优势，在小说的叙述流中自然地插入振聋发聩的评论。其实，这种文体提供的广阔空间足以添加任何旁枝侧梢。特别是在对梦的性质和特点，以及无意识的恣意妄为上，希伯莱特进行了广泛的讨论。他慎思详查，几乎就是在以“论梦”为题写作一篇篇幅很长的文章。

从广泛意义上来说，《恩主》就是对写作生活的类比，道出了其中潜在的可能性及隐藏的危险。“生活给梦提供了养分。如果生活枯萎而梦却生机勃勃，会怎么样呢？”希伯莱特如此追问。

确切说来，随着岁月的流逝，我们或许可以说，作家与他们的作品之间的关系也面临这样的问题。[41] 桑塔格对于这样的想法饶有兴趣：写作就是专事做梦，是穿梭于艺术与生活之间；恰似做梦与生活，写作与生活密不可分。她想让自己的作品服务于自己的生活，而不只是让她的作品从生活中受益。显然，桑塔格很享受站在希伯莱特这位贵族公子哥的立场发话，小说只是她的掩饰罢了。但是，在经历了《恩主》的自我陶醉之后，桑塔格作为作家的发展轨迹开始转向外部：她下定决心要“关注外部世界”。[42] 这种转向在诸多方面让桑塔格在宗教般执着的自我探寻中找到了平衡：她的职业认知、她的美学理念、她对世俗快乐的热爱、她的激情和贪欲。

就像希伯莱特一样，她自己的写作生涯将是一个不断追梦的过程。尤其是《恩主》中发生的一些事情——写了一篇有关“一个无关痛痒之话题”的文章而备受争议、和一位北欧电影导演进行合作、游历了一座阿拉伯城市——成为她人生的预言，反映了她以后要经历的生活。然而，《恩主》就是摆在她面前的一个例证，暴露了彻底的唯美主义的缺陷：没能反映现实的巨大力量。这一点桑塔格早就注意到了。

1962 年，《恩主》的写作接近尾声，苏珊开始去见心理分析师戴安娜·凯梅尼（Diana Kemeny）。戴安娜要求她去理解自己的过去。与希伯莱特一样，苏珊和戴安娜一起，“在我人生的隧道里爬行着往回走”，这一直延续到 20 世纪 60 年代末。[43] 苏珊与艾琳的关系也出现了危机。1960 年，早在她们恋情发展的初期，苏珊就在她的日记中坦承，她怀疑她们已经彼此厌倦了。她们不再好好说话。她想起了她和菲利普的关系：争吵后他们不再想办法去补救，真正的问题从这个时候才刚开始。[44] 几乎从一开始，她就已经在掂量她和新欢到底能走多远。没有多久，桑塔格就认识到，别人所能做的非常有限。这样，相遇之初的狂喜也就越来越淡。她俩吵个不停。

苏珊抱怨艾琳的原因之一是艾琳“永无止境、情绪化地囤书”。[45]争吵之后永远都是艾琳祈求原谅，主动认错并与苏珊和好。久而久之，苏珊觉得她欠艾琳的太多，永远也无法偿还。她们尝试着分开一段时间。苏珊发现离开艾琳她就不快乐。艾琳总是与阿尔弗雷德更为亲密。当阿尔弗雷德外出时，艾琳就经常待在他的寓所。1963年，艾琳得到墨西哥政府的一笔助学金，她去了墨西哥，在那里度过了一段时间。她邀请阿尔弗雷德也过去。[46]据爱德华·菲尔德讲述，阿尔弗雷德买了一辆老旧的雪佛兰，“开着车去墨西哥……期望在墨西哥城见到方尼斯”。[47]最终，他止步于韦拉克鲁斯。

1963年4月，苏珊的日记显示，她与艾琳的关系已经相当紧张。这时候，阿尔弗雷德显露出他轻率、张扬的毛病，表现出对传谣根深蒂固的热爱。在4月份，他写信告诉爱德华·菲尔德，苏珊和艾琳“虽然名为恋人，其实快要吹了”。到了4月底，他写信说：“苏珊和艾琳彻底分手了。昨天，她俩的关系正式结束。”[48]她们之间4年的恋情就这样画上了句号。1963年的后半年及之后的好几年，苏珊的日记总是萦绕着孤独和痛苦。她在8月份的日记中说，她害怕孑然一身，再也找不到一丝温暖。不管是躺着、站着，还是在洗澡，她都焦躁不安。她只有依靠大卫了。

> 我害怕，不敢抓紧，也不敢撒手
> 继续隐瞒 > 负罪感 > 焦虑……
> 做点儿啥吧
> 做点儿啥吧
> 做点儿啥吧[49]

1963年9月《恩主》面世，有褒有贬，但评论者都满怀敬意。这时，阿尔弗雷德已经去了摩洛哥。在随后的几年里他一直待在那里，直到保罗·鲍尔斯（Paul Bowles）催他离开那个国家。1963年初，他们两人在纽约的一次聚会上相逢。从那之后，他们一直保持通信联络，彼此很是投缘。完成《恩主》的写作之后，桑塔格发现自己无法动笔再写另外一本小说。于是她转而从事文艺批评。在某种意义上，这是她针对《恩主》中探讨的自我陶醉所做的反应。这表明她时刻准备投身于当下：由内转外，关注他人及其他艺术门类。另一方面，她可能觉得自己是退而求其次。在她的一生中，她总是声称自己首先是个小说家。她责怪自己总是改不了写评论的坏毛病。不过，这一辈子她不是在写小说就是在写评论，这是她与生俱来的才华，二者彼此促进。由于写小说，她的评论更加趣味盎然；由于写评论，她的小说也增色不少。从一开始桑塔格就是一位很有分量、聪明过人的评论家。

1962年的夏天，桑塔格终于实现了她青年时代的梦想。她人生中第一次在《党派评论》上发表了自己的文章：那是针对艾萨克·巴什维斯·辛格（Isaac Bashevis Singer）的一部小说写的评论。第二年，她又在新创刊的《纽约书评》上发表了一篇评论西蒙娜·韦伊（Simone Weil）的文章。韦伊是苏珊·陶布斯的专门研究对象。当年，陶布斯就写过一篇关于韦伊的学位论文。随后，桑塔格的文章接二连三地出现在《党派评论》和《纽约书评》上，内容涉及娜塔丽·萨洛特和新派小说、让－保罗·萨特的《圣热内》（*Saint Genet*）、阿尔贝·加缪（Albert Camus）的《札记》（*Notebooks*）、克洛德·列维－斯特劳斯（Claude Lévi-Strauss）的《忧郁的热带》（*Tristes Tropiques*）、米歇尔·莱里斯（Michel Leiris）的《成人时代》（*L'Age d'homme*），还写了题为“去看戏”

的系列文章。这一时期，桑塔格也在写电影评论。她在《电影季刊》（*Film Quarterly*）上发表了关于阿兰·雷奈（Alain Resnais）的《莫里埃尔》（*Muriel*）的文章，在《第七艺术》（*Seventh Art*）上发表了关于罗伯特·布列松的文章，在《观影人》（*Moviegoer*）上发表了关于让－吕克·戈达尔的《随心所欲》（*Vivre sa vie*）的文章。接着，1964 年的秋天，《党派评论》刊载了她的《漫谈“坎普”》（*Notes on “Camp”*）。

桑塔格是一位与众不同的批评家，无论是她写的评论文章还是她采用的评论方式都特色鲜明。在生活中，桑塔格对其他艺术门类也抱有浓厚的兴趣和赞赏的态度，因此，她也以同样浓厚的兴趣、丰富的知识和饱满的热情在她早期的文章中对文学、戏剧和电影进行了探讨。她的批评采用的语体介于学术与个人之间，既有学术探讨的严谨，又不拘一格，自行其是，即使她不使用第一人称，文章也带着明显的个人色彩。[50]

这种个性特质源于桑塔格对写作话题的选择。通常情况下，她的批评所涉及的话题是在兴趣的指引下精挑细选出来的，而不是命题约稿之作。在人生的早期，桑塔格写下了许多评论文章。但是，她最喜欢采用的方法和形式并不是标准的评估型评论。即使是 20 世纪 60 年代初期，桑塔格在哥伦比亚大学和莎拉劳伦斯学院任教的时候，她也没有向学校传统和学术潮流低头。后来，到了 20 世纪 70 年代和 80 年代晚期，来自法国的理论浪潮——结构主义和解构主义——兴起，她极其谨慎，她知道他们在做什么，却依然保持自己独立的声音。类似地，她的电影批评大部分写在电影理论诞生之前。

桑塔格的独树一帜还表现在另外的方面：在刚开始写批评文章的时候，她就大胆地选择了与当时的纽约文化圈不同的道路。那个时候的纽约文化圈囊括了克莱门特·格林伯格（Clement

Greenberg）、欧文·豪（Irving Howe）、德怀特·麦克唐纳（Dwight Macdonald）、威廉·菲利普斯（William Phillips）、菲利普·拉赫夫（Philip Rahv）和哈罗德·罗森伯格（Harold Rosenberg）。她这么做首先在于她心甘情愿且能驾轻就熟地穿梭于“高雅”与“低俗”文化之间，无所羁绊地越过以前的批评家划定并捍卫的边界。桑塔格风格迥异的文体帮助她重新界定什么还可以进入批评领域。没过多久，她就为后来者重新定义了批评的标准。桑塔格的批评充满着格言式的表述；她眼光犀利，方法灵活，思路敏捷；她一般不会囿于引语；她的批评不容置疑却又变化多端，引人深思，甚至有意发难；她能够在具体作品及其社会衍生品之间随意切换；对于那些被美国同行忽视的大量欧洲文学传统，她却能够信手拈来，运用自如。

桑塔格的评论文章，将一大批基本都是来自法国的作家、电影制作人和思想家引入纽约的文化生活，并指出他们的独创所在和主张。同时，她的批评对严丝合缝的推理深表怀疑，而她自己又长于此道。在进行反驳的时候，她总能从意想不到的角度出发，大胆而巧妙地进行布局。她对写作批评文章如此热心，也许是因为这满足了她身上矛盾并立的特质：她既是苦修者，又是唯美主义者；她既是作家，又是读者；她既是道德家，又是享乐主义者；她既在幕后，又在台前。她为自己的批评文章搜罗题材，展现出非凡的洞察力；她不知疲倦地获取知识，不断地丰富自己的人生经验。

投身于批评创作的时候，桑塔格常常会本能地对所选主题进行极为深入的评估，以求充分把握并为她所用。她的写作主题就像她的一张面具。早期，批评的写作过程相对容易，但在她人生的后几十年里，一篇批评文章要写十几稿。对于同一个主题，她在写作的过程中常常改弦更张。比如，1982 年，她的一篇有关罗兰·巴特的评论文章《写作本身》(*Writing Itself*)花去了她6个月的时间。[51]

1966年初，她的第二本书《反对阐释》得以出版。这是她在1962至1965年间所写的评论文章的选集。她把它献给了自己的艺术家朋友保罗·泰克。出版之前，许多篇文章都进行了大幅度修改，文章次序重新进行了编排，从而使整本书前后内容更为连贯。更重要的是，这样的安排使得以书名为标题的文章得以统摄全书，使其成为这部评论集的宣言。

《反对阐释》是对桑塔格所称的她们那个时代的风潮——对“潜藏”意义的追寻——的讨伐。桑塔格对于阐释的不信任源自于她对弗洛伊德的研究。但是，她认为这种毛病也困扰着文学批评。桑塔格呼吁，如果批评必须存在，那应当是一种针对文学形式和风格的感性方法，而不是对先入为主的“意义”的挖掘。在一个“基于超量和过度生产的时代”，对意义的挖掘令人窒息，它引发混乱和阻隔。[52]“我们必须学会更加敏锐地去看，去听，去感受。”桑塔格这样写道。[53]批评的功能应当为理解艺术和生活注入活力，而不是给阐释构建并不断重构的影子世界增砖添瓦。

“反对阐释”试图改变批评的风向，促成批评的噤声。这要么要求批评去做其力所不能及，要么纯粹什么都不说。对于一本批评集而言，书名本身就不切实际，自相矛盾；论述的核心极为紧凑且新颖，但它并没有真正地放弃分析讨论。实际上，书名带着揶揄的口吻和些微的反讽。桑塔格心里明白，作为一名批评家，要想彻底“反对阐释”是做不到的。然而，这只是一种姿态，其关键是要抵制20世纪60年代早期流行的批评习惯。

总体来说，《反对阐释》的魅力所在是其多样性。桑塔格对多种艺术形式进行批评，在它们之间建立起联系。另外，该书也透露出桑塔格希望在诸多领域里——人类学、文学批评、哲学、新派小说、戏剧和电影——发展起自己的小说审美观，发展起全新的看待世界的方式。《反对阐释》中对小说的讨论不多，甚至有关文学的讨论更倾向于探讨书写人生、哲学或其他方面，不过，书中有些篇幅的确为她自己的小说作品做了背书和解释。其中讨论当代艺术的唯一一篇文章是《偶发艺术：一门激进并置的艺术》（*Happenings: An Art of Radical Juxtaposition*），讨论的是20世纪60年代由阿伦·卡普罗（Allan Kaprow）、吉姆·戴恩（Jim Dine）、卡若琳·史尼曼（Carolee Schneemann）和其他艺术家在纽约发起的艺术实践活动，并将这些实践活动与普遍的超现实主义传统联系起来。超现实主义是《恩主》的核心，小说中的诸多梦境让人们联想到桑塔格对“偶发艺术”的描述。在纽约的头几年，她也参与其中。刚到这座城市还没几周，她就和艺术家克拉斯·奥登伯格（Claes Oldenburg）相遇。[54] 书中的这篇文章给了桑塔格能够间接地对自己的小说进行解释和定位的机会。

1924年，安德烈·布勒东（André Breton）通过他的宣言发起了一场绘画运动。提到这次运动，我们会想到马克斯·恩斯特、达利（Dali）、契里科（Chirico）、马格里特等人。但是，对于使用超现实主义这个术语，我并不是指这次具体的运动，我指的是一种融通20世纪所有艺术门类的感受力……它被这样一种观念统摄起来：通过激进并置摧毁传统意义，并创建新的意义或者逆反意义。如果现代艺术的意义在于在日常生活逻辑的底层去发现梦的反逻辑，那么我们就可以期待艺术——跟梦一样无拘无束——也要有其情感维度。有些梦机智风趣，有些梦古板严肃，有些梦则是一场噩梦。[55]

桑塔格对超现实主义怀有兴趣是因为她对“激进并置”保持

着持续的感受力，这解释了她为何在20世纪60年代对威廉·巴勒斯（William Burroughs）表现出浓厚的兴趣。巴勒斯的“剪贴”手法作为一种艺术手段产生出一种震撼人心——有时就像噩梦一般——的效果。从不同的角度来看，这种做法从近似的传统发展而来。桑塔格宣称，在她写《反对阐释》的时候，巴勒斯是她最感兴趣的美国作家，他已经从现实主义的束缚中挣脱出来。桑塔格还写了一篇有关吸毒成瘾的垮掉现象的文章——《威廉·巴勒斯及其小说》（*William Burroughs and the Novel*）。这篇文章出现在法语版和德语版的《反对阐释》中，英文版本中并未包括。[56]

《漫谈“坎普”》让桑塔格对超现实主义的兴趣朝着更为戏谑的方向发展。“世界上有许多事物没有被命名；许多事物，即使被命名了，也从未被描述过。”这是文章开头的话。这诸多事物之一就是“感受力……有个响当当的名头——‘坎普’”。紧随其后她关于奥斯卡·王尔德（Oscar Wilde）的“漫谈”采用的是类似于她的日记的句式：句子之间缺乏连贯性，采用“略记形式”。[57]然后，桑塔格倾尽其全部的人生阅历，以多少带点“坎普”的意味，展示了她令人炫目的广博知识，在“电影、服装、家具、流行歌曲、小说、芸芸众生及各色建筑”中指认“坎普”。[58]由此，她站在纽约文化批评界的大门口，对其发起公然挑战，并展示为何她的文章和小说是“激进并置”的艺术。

时不时地，桑塔格的讨论就变成了她惯用的文学形式：罗列清单。《漫谈“坎普”》打破了高雅文化与低俗文化、优雅歌剧与垃圾表演、同性恋与异性恋之间的界限。她讨论了新派艺术风格、《天鹅湖》（*Swan Lake*）、卢齐诺·维斯康蒂（Luchino Visconti）、电影《金刚》（*King Kong*）、罗纳德·菲尔班克（Ronald Firbank）、艾维·康普顿－伯内特（Ivy Compton-Burnett）、让·谷克多（Jean Cocteau）、安德烈·纪德、葛丽泰·嘉宝（Greta Garbo）、华纳兄弟的音乐剧、阿尔弗雷德·希区柯克（Alfred Hitchcock）、《伊凡雷帝》（*Ivan the Terrible*）I 和 II、威廉·布莱克（William Blake）及日本的科幻电影。桑塔格一次次成功地将这些串联起来，从而说明所有这一切都展示了——同时又未能展示——那个捉摸不定、如此糟糕可又真的好的“坎普”品质。《漫谈“坎普”》兴之所至无所不提，这让人联想到公子哥的形象，它对桑塔格构思《恩主》中的希伯莱特起到了重要的作用：

> 公子哥的生活太过优裕。他的姿态就是藐视一切，或曰倦怠。他追求的是还未沾染上大众口味的新奇感受[比如于斯曼的小说《逆流》（*A Rebours, Marius the Epicurean*）中的德塞森特（Des Esseintes）和瓦雷里（Val é ry）的《泰斯特先生》（*Monsieur Teste*）]。他致力于“良好品味”……坎普——大众文化时代的公子哥做派——对于独特物品与大规模生产的物品不加区分。坎普品位超越了针对复制品的厌恶……公子哥感到冒犯和厌倦之处正是坎普鉴赏家会心一笑之处。[59]

《漫谈“坎普”》指出的路径是要抹平后现代主义的美学风格和价值观念，将所有紧闭的门统统敞开。尽管这篇文章关注的是大规模再生产，尽管它发表在《党派评论》上——其读者是小众的精英群体——这篇文章却一炮而红。这也恰得其所。突然间，桑塔格成了文化名人，她成了“坎普女王”。《时代周刊》（*Time*）对这篇文章做了较为详尽的介绍。不久，其他媒体也开始报道该篇文章。对于仅仅 30 出头的桑塔格而言，她对此心满意足。但是，这也给她带来了麻烦。一方面，她应邀参加了很多采访活动，品尝着名声大噪带给她的荣耀；另一方面，她开始撤退，退出了显而易见她要走的路。虽然《反对阐释》展现出桑塔格对“高雅”与“低俗”文化兼收并蓄的热爱，但是她之后的文章将逐步退回到晚期现代主义的优势立场（high ground），发展出一种朴素、严谨、庄重的批评风格。具有讽刺意味的是，恰恰是《漫谈“坎普”》的走红让桑塔格从大众文化中退出。对于这篇文章，她的态度一直不明朗。从此以后，她再也没有写过关于坎普的评论文章；若是有人问起，她总是显得很厌烦。从此以后，这种态度一直未变。

1964年，桑塔格来到安迪·沃霍尔（Andy Warhol）的电影工厂，参与系列电影《试镜》（*Screen Tests*）的拍摄。于是，一名先锋派影星开始冉冉升起。《试镜》是沃霍尔在1964年至1966年间拍摄的简短的黑白无声电影。在拍摄过程中，他要求试镜者坐在固定的摄像机前，并且不能眨眼睛。《试镜》对被拍摄者的能力是一种考验：既要忍受拍摄肖像照时高强度的审视，还要调整情绪，即兴摆拍。通常情况下，摆拍的努力会半途而废。这是因为，尽管电影时长很短，但是摄影机的机械凝视会将被拍摄者的任何细微变化暴露无遗。桑塔格与沃霍尔进行合作，她出演了7部《试镜》短片。一定是这次经历引发了她后来从事电影制作的兴趣；同时，这也给了她进行人生规划的机会。日记显示，她花了多年时间朝这个方向努力。31岁的桑塔格既年轻又漂亮，她在《试镜》中尝试了各种表情和动作：腼腆的、天真无邪的、性感的、心不在焉的、烦躁不安的、忧郁感伤的；微笑、用手托着下巴、放声大笑、耸肩及吸烟。在其中一部影片里，她还表演了各种咧嘴发笑的表情：有癫狂般的、夸张的、龇牙咧嘴的，或许是在说“cheese”，做出笑的口型。[60]

1964年，桑塔格辞去了在哥伦比亚大学讲授宗教的教职，来到罗格斯专门从事更有创造性的写作活动。在接下来的两年里，她先后得到来自洛克菲勒基金会和古根海姆学者奖的资助金，这使得她可以把所有时间都花在写作上。这是她人生中第一次有这么好的机会进行写作，她心存感激。1964 年 8 月，她要离开美国一年，试图驱散艾琳留给她的困扰。她依然没有走出这份感情的阴影，无法开启新的恋情。在伦敦，她见到了作家兼导演乔纳森·米勒（Jonathan Miller）。从此，他成为桑塔格长期的朋友。他还对桑塔格做了一次访谈，在英国广播公司的系列电视节目《监察》（*Monitor*）中，他们讨论了几乎一个小时的“刻奇”（kitsch）文化。到了夏天，她去了法国，再次迷上了去电影院。可是她还是不快乐，舔着爱情留下的“伤疤”。她和艾琳 4 年的恋情现在看来似乎漫漫无绝期，沉重地压在她的心头。[61] 她觉得艾琳对她不公平，她也明白这份情感应该有个结了。在日记中，她下定决心要采取措施，摆脱这份感情的煎熬和苦痛。然而，她身边的朋友诸如保罗·泰克无法填补艾琳留下的空白。相比之下，他们显得“无足轻重”。她觉得自己“没有魅力”，“惹人厌烦”，也“残缺不全”。[62]

1965 年 5 月，桑塔格来到南卡罗来纳州埃迪斯托比奇（Edisto Beach），待在贾斯珀·约翰斯的家里。这段时期，她表露出内心平复的迹象。大卫·里夫写道，大概这一时期她和约翰斯发展起了恋情。他们当然是要好的朋友。桑塔格发现约翰斯很有趣：他寡言少语，对艺术品的自主性有独到的见解；他对任何事物都觉得“有意思”。和约翰斯同处的日子里，她在日记中写下了想做的事情：“计划”—“多观察”—如愿以偿。她更加频繁地观察和记录大自然。几乎什么东西都可以成为雕塑品或者艺术品。[63] 关键是约翰斯将她的兴趣转移到了新的领域。通过约翰斯的人际关系，她被带入罗伯特·劳森伯格（Robert Rauschenberg）和约翰·凯奇（John Cage）的世界。这将对她的文章《沉默之美》发挥很大

安迪·沃霍尔的系列影片《试镜》中苏珊·桑塔格的剧照，1964 年。

的作用。该文章收录在她的下一本批评集里。在埃迪斯托比奇，桑塔格非常喜爱从树上垂下的茂密的、绿油油的寄生藤；她享受着温暖而沉静的大海；她在深夜阅读勋伯格的书信。她也开始酝酿一本小说，打算写一位抽象派画家，也许是要写这位艺术家执着的精神之旅。[64]

1965 年的夏天，桑塔格又一次来到巴黎。和艾琳的通信勾起了她对往昔的回忆，她又陷入对艾琳的怨恨和悲苦之中。她在日记中说，艾琳一直嫉妒大卫。的确，儿子是她生活中唯一独属于她自己的部分。他就是一切，尤其是现在。桑塔格写道，若不是有大卫，她早在一年前就自杀了。[65] 大卫长大成人，继承了母亲对旅行和写作的热爱。他将成为一名作家和编辑（包括在法勒－施特劳斯－吉鲁出版社编辑母亲的作品），也将成为一名记者，关注人道问题。不过，尽管母子二人难舍难分，在大卫的整个童年时期，苏珊就开始了长途旅行。她拒绝接受家庭传统，这一定给了她自由，但是也来之不易。大卫的确是她的一切，但不可否认的是，她也全身心地投入到了自己的工作中。这对他们两个人都提出了巨大的挑战。大卫写道：

桑塔格摇摆不定。一方面，她为自己感到自豪；另一方面，她

贾斯珀·约翰斯在纽约画室外的屋顶，拍摄于 1965 年。

很后悔，因为对工作的热爱她牺牲了太多，她几乎无一例外地把她的工作称作“那活儿”……“那活儿”必须得干，不惜一切代价。[66]

这段时期，桑塔格开始动笔写她的下一本小说，可是开头她都不怎么满意，这让她非常苦恼。她在日记中写满了各种想法，来源芜杂，千头万绪。她也对视觉艺术、戏剧及音乐产生了兴趣。她列出了一串串清单：要考察和记住的事项、要写的文章、想到的论述要点。好在这些论文最后都发表了。从 1965 年开始，她的笔记本中随处可见凯奇、杜尚（Duchamp）、弗朗西斯·皮卡比亚（Francis Picabia）、詹姆斯·罗森奎斯特（James Rosenquist）、巴克明斯特·富勒（Buckminster Fuller）等人，还写满了各种潜在的小说情节和剧情概要。[67]尤其是通过参照视觉艺术，她更加坚定了小说退回原初的本质。她写道，要想让人们理解小说是抽象的作品，这很困难。凭着直觉，那些马上能够理解拉里·彭斯（Larry Poons）或者弗兰克·斯特拉（Frank Stella）画作的人们，在面对格特鲁德·斯坦因（Gertrude Stein）的文学作品时，却茫然不知所措。[68]

然而，在她用来记录各种想法的笔记本中，桑塔格理出了一些头绪，这足以写成一部长篇叙事“托马斯·福克的苦难生活”。虽然故事中的某些情节出现在后来写的小说《死亡之匣》（*Death Kit*）和她的第一部电影《食人者二重奏》（*Duet for Cannibals*）里，但这部小说最终还是未能完成。[69]福克故事的最初设想是关于主人公的精神崩溃。福克的童年在加利福尼亚度过，之后他来到一家寄宿院，然后他的精神崩溃了。其中大部分的故事发生在南卡罗来纳州的精神病院里。最初，桑塔格似乎是要把它写成一部（尽管关联性不是很强）“艺术家小说”。在位于格林威治村通宵营业的拉特纳熟食店与保罗·泰克交谈后，她又对故事发展做了进一步修改。[70]毫无疑

苏珊和大卫在家里，拍摄于 1967 年。

《保罗·泰克》(II)，彼得·胡嘉（Peter Hujar）拍摄于 1975 年。

问，这是从泰克的作品中得到了启发，尤其是他的伪“器官”雕塑作品（faux-‘organic’ sculptures）和“技术宝匣”（technological reliquaries），比如《沃霍尔—布里乐盒子里的肉块》（*Meat Piece with Warhol Brillo Box*，1965）——在一只沃霍尔盒子里装了一块蜡雕生肉。这样，桑塔格的“艺术家小说”的想法似乎开始转向蜡雕艺术家。在随后的几年里，也许是因为他们之间的这些谈话，桑塔格和泰克在各自的领域探究着类似的概念。

1965 年 8 月底，桑塔格到了科西嘉岛，然后取道马赛，从那里乘船去了丹吉尔。几个月以前，桑塔格就已经给阿尔弗雷德和保罗·鲍尔斯写了信。两人还疑神疑鬼地比对了信件的内容。阿尔弗雷德很快就适应了在摩洛哥的环境，还和一位年轻的渔民德利斯（Dris）打得火热。而这位渔民却是鲍尔斯瞒着阿尔弗雷德安排的，为的就是引他上钩。[71]最初，阿尔弗雷德和德里斯住在海边小镇艾西拉，这里离鲍尔斯的住处不远。阿尔弗雷德继续给《纽约先驱论坛报图书周特刊》每月一期的专栏和纽约的其他刊物写文章。1964年，他的故事汇编《瞧！歌利亚》（*Behold Goliath*）出版，但却反响冷淡。他写了一本超现实主义的小说《精致的尸体》（*The Exquisite Corpse*），当时正在寻找出版商。在抵达丹吉尔之前，桑塔格就已经读过这本书了。

桑塔格到了丹吉尔，一见到阿尔弗雷德，她就发现他变了。在摩洛哥，也许是由于精神失常，也许是出于嫉妒，也许是药物导致的错觉，阿尔弗雷德无法和苏珊好好相处，这让她觉得自己不受待见。这次行程简直就是一场灾难，他俩的友谊也从此结束。苏珊一眼就看穿阿尔弗雷德病得不轻。尽管对药物极度过敏，他还是自作主张，服用德塞美（Dexamyl）、启福（kief），也许还在服用乐思得（LSD）。苏珊在日记中写道，阿尔弗雷德具有多重矛盾的性格，可是他一直就像个坏脾气的孩子。现在假发没了，他不断地对苏珊说，他一直觉得自己有多么丑陋。苏珊有些糊涂了。难道他本来就这么愚蠢吗？还是说他脑子不好使了？他的恶意行为让她发誓她再也不会因为软弱而上当受骗，再也不会忍受这帮“恶霸”——哈里特、艾琳、阿尔弗雷德——的欺侮。出乎预料的是，她反而感觉自己更坚强了。她早就知道自己会挺过来的。现在就剩下她一个人了，没有人疼爱——这是她最害怕的——不过，她还活得好好的。[72]

可是，阿尔弗雷德已经患上了极其严重的妄想症：他不吃饭，以防有人给他下毒；他甚至连德利斯给他的咖啡也不喝；他认为没了假发他的护照也就作废了（在使用炉子时他不小心把假发给烧掉了）。他弄坏了德利斯的手表，认为手表里面安装了话筒，

阿尔弗雷德·切斯特和德利斯在摩洛哥，拍摄于20世纪60年代。

他说的每一句话都被广播出去。他还认为，每个人每时每刻都在盯着他看，有人在跟踪他。他断定他是个双性人。苏珊询问德利斯阿尔弗雷德像这样有多久了。她告诉保罗·鲍尔斯，她认为阿尔弗雷德真正地发疯了。苏珊不幸言中：阿尔弗雷德病情急剧恶化，于1971年在耶路撒冷离世。苏珊看得很清楚，在摩洛哥，没人愿意为阿尔弗雷德做点什么。也许她已经看透了其中的悲凉。她写道，在摩洛哥，人们都像是迷失了，或者说没有了方向感。你若是发疯了，别人只是略表同情，却不会真正地在乎你。[73]阿尔弗雷德被裹进一个邪恶的、纯粹坎普的世界里——苏珊先前认为这只存在于菲尔班克和简·鲍尔斯（Jane Bowles）的小说里。

在摩洛哥，桑塔格见到了鲍尔斯夫妇，并和巴勒斯的朋友阿兰·安森聊起了"剪贴"手法、造梦机器[74]、小说《软机器》（*The Soft Machine*）以及《裸体午餐》（*Naked Lunch*）中滑稽搞笑的种种"惯常做法”。她和伊拉（Ira）、罗瑟琳·科恩（Rosalind Cohen）一起乘出租车去了附近的得土安（Tétouan），他们在西班牙区的花园里散步。桑塔格也在服用启福。[75] 每天清晨，她都能听到城外的公鸡在黎明时分的报晓声。她去医院看望德利斯的兄弟哈梅德（Hamid），他因为一只脚生了坏蛆而住院。她把阿尔弗雷德的言论进行了归类整理。她在做离开此地的准备。9 月，她回到了美国，回到了大卫的身边。可是，这次摩洛哥之行给她的心理造成了极大的影响。在丹吉尔，桑塔格觉得自己闯入了沙伦顿，那个在 18 世纪末和 19 世纪初看管萨德侯爵的地方，那个在巴黎郊外、令人癫狂的囚禁之所。桑塔格在日记中写道，1949 年她和哈里特在圣弗朗西斯科度过的那个周末彻底改变了她的人生。从那以后，她从未有过现在这样的感受：她觉得自己完全迷失了方向，觉得自己格格不入，一切都好似在做梦。[76]

注 释:

1. Susan Sontag, *Reborn: Early Diaries. 1947-1963*, ed. David Rieff (London, 2009), p. 211.
2. Carl Rollyson and Lisa Paddock, *Susan Sontag: The Making of an Icon* (New York, 2000). p. 52.
3. David Rieff, *Swimming in a Sea of Death: A Son's Memoir* (London, 2008), p. 68.
4. Rollyson and Paddock, *Susan Sontag*, p. 51.
5. 这些日记中的话语引自里夫的 *Swimming*, p. 141.
6. Rollyson and Paddock, *Susan Sontag*, p. 53.
7. Ibid., p. 54.
8. *Reborn*, p. 227.
9. Ibid., p. 221.
10. Susan Sontag, *As Consciousness is Harnessed to Flesh: Diaries, 1964-1960*, ed. David Rieff (London, 2012), p. 233.
11. Edward Field, *The Man Who Would Marry Susan Sontag* (Madison, WI, 2005), p. 163.
12. Cynthia Ozick, *Foreign Bodies* (London, 2011), p. 61.
13. Edward Field, 'The Mystery of Alfred Chester', *Boston Review*, XVIII/2 (1993).
14. *Jamie is My Heart' s Desire* 于 1956 年在英格兰出版，并于次年在美国出版。1956 年也出版了法文版 *Deuil fantaisie*（意思是"离奇的哀悼"）。
15. Cynthia Ozick, 'Alfred Chester's Wig', *New Yorker* (1992 年 3 月 30 日), p. 92.
16. 出自 Diana Athill 写给这本书的后记: Alfred Chester, *The Exquisite Corpse* (Boston, MA, 2003), p. 242, 改写自 Diana Athill 的 *Stet: A Memoir* (London, 2000).
17. *Reborn*, p. 246.
18. Field, *The Man Who Would Marry Susan Sontag*, p. 108.
19. Ibid., p. 109.
20. 大卫 · 里夫在 *As Consciousness* 中提到桑塔格在服用地塞米尔 , p. 11.
21. Joan Acocella, 'The Hunger Artist', *New Yorker* (2000 年 3 月 6 日), p. 75.
22. 在 *Notes on Sontag* 中，Phillip Lopate 回忆说有时会碰到桑塔格去纽约客剧院。据桑塔格自己说，她可以免费进入。详情参阅 Lopate, *Notes on Sontag* (Princeton, NJ, 2009), p. 41.
23. *Reborn*, p. 257.
24. Lopate, *Notes on Sontag*, pp. 37-38.
25. 参阅有关桑塔格的专访: *Paris Review*, 137 (1995), pp. 177-209; 关于写下小说《恩主》开头几句话的描述参见 *Conversations with Susan Sontag*, ed. Leland A. Poague (Jackson, MS, 1995), p. 227.
26. 在《反对阐释》(London, 2001) 的"序言"'A Note and Some Acknowledgments'（p. vii）中，桑塔格说她在 1962 年初完成了《恩主》的写作。

27. *Reborn*, p. 237.

28. Leonard Woolf 写道，弗洛伊德的“目的是要表明，正常人在清醒的时刻，正是内心‘晦暗不明的那一半’产生了各种各样的错误、失误以及记忆；情况一旦发生改变，就会产生睡梦中各种荒诞的奇思幻想或者疯癫状态时的幻觉；无论哪种情况，它遵循着同样的法则”。Woolf 的观点标识出了小说《恩主》探讨的疆域。参见 Leonard Woolf, ‘Review of Freud’s *Psychopathology of Everyday Life*’, *New Weekly*, I/13（1914 年 6 月），p. 412. 也收录于 S. P. Rosenbaum 主编的 *A Bloomsbury Group Reader* (Oxford, 1993), P. 191.

29. Philip Rieff, *Freud: The Mind of the Moralist* (New York, 1961). p. 57; Susan Sontag, *The Benefactor* (London, 2009). p. 1.

30. *As Consciousness*, p. 237.

31. *The Benefactor*, p. 265.

32. Ibid., p. 41.

33. *As Consciousness*, p. 231.

34. *The Benefactor*, p. 4.

35. Ibid., p. 113.

36. Ibid., p. 63.

37. Poague, ed., *Conversations*, p. 43.

38. *The Benefactor*, p. 8.

39. Rieff, *Freud*, p. 204.

40. *As Consciousness*, p. 190.

41. *The Benefactor*, p. 97.

42. Susan Sontag, ‘At the Same Time: The Novelist and Moral Reasoning’, in *At the Same Time*, ed. Paolo Dilonardo and Anne Jump (London, 2007). p. 210.

43. *The Benefactor*, p. 32.

44. *Reborn*, p. 240.

45. Ibid., p. 261.

46. Field, *The Man Who Would Marry Susan Sontag*, p. 115.

47. Ibid., p. 132.

48. Rollyson and Paddock, *Susan Sontag*, pp. 78-79.

49. *Reborn*, p. 318.

50. Poague, ed., *Conversations*, p. 208.

51. 这篇讨论罗兰·巴特的文章‘Writing Itself: On Roland Barthes’是一篇“导言”，参见 Susan Sontag, *A Barthes Reader* (New York, 1982). 这篇文章也收录在桑塔格的专著中：*Where the Stress Falls* (London, 2003), pp. 63-88. 在 Poague 主编的 *Conversations*, p. 207 中，桑塔格提到她花了 6 个月的时间写作这篇文章。

52. Susan Sontag, ‘Against Interpretation’, in *Against Interpretation* (London, 2001), p. 13.

53. Ibid., p. 14.

54. Acocella, 'The Hunger Artist', p. 73.

55. Susan Sontag, 'Happenings: An Art of Radical Juxtaposition', in *Against Interpretation*, pp. 269–271.

56. 参见 Poague 主编的 *Conversations*, p. 36; 有关巴勒斯文章的翻译版本的信息大部分来自于 Robert M. Hutchins 和 Mortimer J. Adler 主编的 *Great Ideas Today, 1966*, 参见本书中有关桑塔格的“文学”条目 (New York, 1966), pp. 146–191. 也可参阅 Leland Poague 和 Kathy A. Parsons 合著的 *Susan Sontag: An Annotated Bibliography, 1948–1992* (New York, 2000), pp. 151–153.

57. Susan Sontag, 'Notes on "Camp"', in *Against Interpretation*, pp. 275(“感受力”), 276–277.

58. Ibid., p. 277.

59. Ibid., p. 289.

60. 了解有关《试镜》的评论及引用，最佳的资源莫过于 Callie Angell 的 *Andy Warhol Screen Tests: The Films of Andy Warhol, Catalogue Raisonné* (New York, 2006), vol. 1. pp. 188–191.

61. *As Consciousness*, p. 26.

62. Ibid., pp. 56(“没有魅力”), 72.

63. Ibid., pp. 61(里夫), 80(“多观察”).

64. Ibid., pp. 83(在埃迪斯托比奇), 86(一本小说).

65. Ibid., pp. 98(信件), 97(自杀).

66. Rieff, *Swimming*, p. 76.

67. *As Consciousness*, pp. 62–63.

68. Ibid., p. 66.

69. 桑塔格在 *As Consciousness* 中提到她放弃了有关托马斯·福克的写作计划, p. 363.

70. Ibid., pp. 88, 363, 131.

71. 参阅菲尔德的 *The Man Who Would Mary Susan Sontag*, p. 139. 多年以后，鲍尔斯写信告诉爱德华·菲尔德当年他安排德利斯和阿尔弗雷德相遇的细节。“第一次见到那个年轻人，”鲍尔斯在写给菲尔德的信中说起了德利斯，“我决定再也不要跟他有任何牵连。他简直坏透了，我承认我害怕他。他在谈话中说的无一例外全是他如何袭击欧洲人的事情。这在我看来是不祥之兆。因此（这也许听起来像是瞎猜），接到阿尔弗雷德的来信，说他要到摩纳哥来，我就开始训练德利斯怎么去对付他……我很好奇，想看看接下来会发生什么……”

72. *As Consciousness*, p. 108.

73. Ibid., pp. 120, 123.

74. 这里指摄像机。（译者注）

75. Ibid., p. 111.

76. Ibid., p. 123.

IV

激进意志的风格（1966—1968）

1965年底，在历经诸多挫折之后，桑塔格在纽约着手写作她的第二本小说《死亡之匣》。她先前已经放弃的小说中的蛛丝马迹不可避免地出现在这本小说里。不过在她看来，《死亡之匣》是一次全新的尝试。她早期的小说都产生于特定时刻的灵光一闪，似乎只是眨眼之间所有想法扑面而来，完整无缺。许多年以后，回想起来她依然感到不可思议，其中的玄妙真是令人费解。苏珊对朋友和恋人说，《死亡之匣》源自于一次谈话。那年秋天，她和约翰·霍兰德（John Hollander）在位于布利克街的一家名为“妙极”的咖啡厅约会，咖啡厅一直营业到深夜。无意之间霍兰德提到了“迪迪”（Diddy）这个名字，这是他们的朋友理查德·霍华德（Richard Howard）的绰号。他是一名翻译家、诗人兼批评家，在克里夫兰长大。[1]“迪迪”这个词像是有巨大的魔力，一下子在桑塔格的内心展开了一部小说的故事情节。她立即表达了歉意，说是要去接个长途电话——在潜意识里，她对要开始写小说打了一个非常有趣的暗喻。午夜12点半，她冲回了家，写下了小说《死亡之匣》长长的第一部分。她熬了整个通宵，一直写到清晨6点。11月中旬的时候，她大概知道要花多长时间写完这部小说。她已经计划要在1月份之前完成第一个稿：每天写5页，花60天时间完成。[2]

“迪迪”这个名字到底有什么魔力，竟然在她的内心引发如此巨大的反响？桑塔格本人也不知道。许多年过去了，1972年的一天，她突然意识到，“迪迪，爹爹”。对此她在日记中有详细的解释。《死亡之匣》中的核心角色迪迪在33岁时去世了（在写《死亡之匣》的时候苏珊刚好33岁）。苏珊的父亲也是在33岁的时候未能从中国回来而客死他乡。“这是真的吗？他真的死了吗？”现在，苏珊终于意识到，“伪死亡”是到目前为止贯穿她所有作品的一个母题。从《恩主》中挣扎在死亡边缘的福劳·安德斯的身上也能看到它的影子。同样，这个母题也将在她的电影中出现。究其根源，这都源自她对父亲死亡的疑虑。1972年，桑塔格写道，认识到《死亡之匣》中迪迪所触发的灵感之源，她终于接受了早已发生的现实。“一切都结束了，爹爹的确死了。”[3]现在，39岁的她心里想，终于可以坦然书写它，理解它，给它画上句号。然而，在《死亡之匣》中，生死之间的大门依然半开半掩。

小说被冠以“死亡之匣”这样的标题，桑塔格把它献给了自己的心理分析师戴安娜·凯梅尼——凯梅尼名字的首字母与小说标题的首字母相同——这透露出它所接受的心理分析对她的第二本小说产生的影响。《死亡之匣》沿袭了《恩主》中采用的弗洛伊德精神分析以及超现实主义的思想脉络，它同样充斥着梦境和诸多子叙事；小说中“真实”发生的事情在人的意识清醒时一般不大可能发生，它其实是来自迷乱的潜意识。《死亡之匣》也是对她在宗教和神话教学过程中产生的想法的进一步探究。这让她再次进入到卡夫卡、巴勒斯和博格斯的奇幻世界。该小说尤其和博格斯的短篇小说《南方》（*The South*）有异曲同工之妙。在博格斯的故事中，主人公手里拿着一本德文版的《一千零一夜》（*Thousand and One Nights*），他在爬一段楼梯时受了伤，由于伤口感染而得了败血症，于是他来到一家医院，或者说来到了“地狱的边缘”。离开医院后，他乘坐火车南下，经历了一系列冒险，最后以持刀械斗而告终。不过，故事中他来到“地狱边缘”后发生的每一件事情也可以按照博格斯的设想来阅读：是主人公病危时刻躺在医院的病床上纯粹的心理活动。

在《死亡之匣》中，桑塔格针对迪迪采用了相似的写作理念。《恩主》讲述了许多梦境，并把梦境和现实世界进行了比较——不管它们是彼此颠倒还是相互关联。而《死亡之匣》的结构似乎只是一个漫长的梦，或者说只是个幻觉。故事发生在迪迪的自杀和实际死亡之间。小说文本就是迪迪梦一样的死亡过程，他就站在死神的殿门口，在吞服了过量的安眠药后陷入昏迷状态。桑塔格运用模糊策略设置了悬念，让读者自始至终不能确定迪迪到底是活着还是死了。

这样一来，《死亡之匣》可以采用两种方法来阅读。首先我们可以把它当作一部现实主义作品，只是其中的故事在现实中不大可能发生，但基本上也讲得通：虽然在小说的开头，迪迪服用了大量安眠药，但是他并未死去。其次，我们可以把它当作一则有关梦境的故事，它再现了迪迪临近死亡时的意识：他正处于服药后的深度昏迷状态，说着呓语，对身外的世界几乎失去了感知。小说如此设计固然巧妙，但是在某种程度上弄巧成拙。许多评论者和批评家没有看明白《死亡之匣》所讲述的正是在头脑昏迷状态下发生的故事，相反，他们认为这是一部不够真实的现实主义作品，而且小说叙事散乱。他们并不认为这是作者刻意而为，而是桑塔格的创作技能欠佳，还不能驾驭一部令人信服的现实主义小说。[4]与《恩主》中的情形一样，桑塔格喜欢在小说中建造迷宫。如此一来，常规的解读就失去了效力。这样做也非常冒险，桑塔格对于这种策略的优劣心知肚明。

桑塔格在小说中提供的线索之一就是使用“现在”这个词，

以此提醒读者《死亡之匣》中到底在发生着什么。“现在”在小说中的不同时刻出现，而且被置于括弧中，这就毫不客气地挫败了把它当作纯粹的现实主义的作品来解读的企图。可以说，这种手段是用来标识迪迪死亡时他的头脑之外的世界中真正的时间流逝，但是时间已经被扭曲，显得极不均匀。这当然可以有其他的解读。我们无法说清《死亡之匣》中的整个事件是发生在几秒钟、几分钟、几小时还是几天之内。但是，一种可能是每一个“现在”有时只是标识一秒钟的工夫。受巴洛斯《裸体午餐》的影响，桑塔格在这部小说的其余部分还采用了视角转换，以传统的现实主义方式使用第三人称对迪迪进行介绍：“他名叫达尔顿·哈伦，脾性温和，在宾夕法尼亚州一座中等城市中长大，没有吃过什么苦头。”另外叙述中偶尔还会提及“我们”，表明故事是由迪迪本人在经历和讲述的。[5]

桑塔格说，在为小说寻找写作题材的时候，她不是在寻找故事情节，而是在寻找一种“语气”或者“色调”。通常情况下，她让人物的声音独自酝酿，而不是在情节或者主题的帮助下开启小说的叙述。[6]《死亡之匣》的色调是令人压抑的灰色，这和作者忧郁的性格倾向相契合——如大卫·里夫透露，几十年来，她书桌后面的架子上一直搁着一只骷髅，以此提醒自己人终究要死。[7]在小说的开头，桑塔格就宣布：“很难说迪迪还活在这人世上，但是他的确还有生命。”这就交代了这位正在实施自杀行为的核心人物所处的境遇，他这一辈子从来就不是自己说了算。在小说开头，一切都在融化，在坍塌，在扭曲，几近终结；迪迪的独白像是一团呕吐物，像是滴滴答答的词汇，也许从未溢出过他昏沉的脑袋。恰如弗朗西斯·培根（Francis Bacon）[8]式的人物，迪迪说的话就像从旋转的笼子里撒出来的方块，这些方块好像用白灰粉刷过了，散发着辛辣刺鼻的味道……迪迪拼命地吸着气。无论往哪里走，他都将自己弄得遍体鳞伤……迪迪活像一只搁浅的两栖动物。对他来说，干什么都失去了意义，到处都充满着敌意，所有的人都面目狰狞，所有的天气都不合时宜，所有的环境都隐藏着危险。[9]

在吞服了半瓶安眠药后，他进入了“黑暗时代，呼吸变得困难”，从床上掉下来，听到他的狗“艾克赞”在叫，他“被推入一辆卡车的后部”。然后，“一位长相周正、穿着白色衣裤的年轻黑人”从他的胃里向外抽东西。在整个小说中，这位年轻黑人反复出现在迪迪处于昏迷状态时不同的时间点——据说三天后，他被医院开除了，尽管迪迪现在是个“死后现身的人”。[10]

在昏迷后的新生活中，迪迪回到了原先的工作岗位，他在为一家“生产显微镜的公司”工作。[11]桑塔格在她的日记中写道，这也许是借用了弗洛伊德在《梦的解析》中提出的理论：他把人的大脑中“主司心理活动”——比如，做梦——的那一部分想象成类似于“精密的显微镜或者摄像机”这样的工具。换个说法，处于昏迷状态的迪迪把医院里面医生对他所做的观察和医疗检查改造或者移置成了一场梦境。[12]（小说中叙述的许多事件都可以看作是对医院里实际发生的事情所做的扭曲而奇怪的表述。）在梦中，他掉进了或者说被他的兄弟保罗（Paul）推进了一个洞里。保罗俯视着他，呼喊着他的名字；迪迪发现他的前妻琼（Joan）在洞底，“可是，那一部分梦境一片黑暗”。[13]然后，他乘坐火车北上，去参加为期一周的商务会议。

在火车上的小隔间里，迪迪坐在一个女孩旁边，她带着墨绿色的太阳镜，陪伴她的是一位年长一些的女人，是她的姑姑。[14]隔间里还有一位神父和一位邮票收藏家。迪迪仿佛置身阿加莎·克里斯蒂（Agatha Christie）的小说中，或者阿尔弗雷德·希区柯克的小说《西北偏北》（*North by Northwest*）中。他真的是在火车上吗？或者火车只是形而上的说法，拉着他冲向人生最后的终点站。火车在加速前行。“突然，天黑了。”火车进入一条隧道。“火车在黑暗中狂奔，似乎越跑越快，快得令人提心吊胆，就像是在水平方向上坠落。”[15]然后火车在隧道里停了下来，没人知道火车何故延误。他离开车厢，下了火车，发现一个工人在轨道上挥舞着一把斧子，在设法清除路障。迪迪杀了他，部分出于自我防卫，其他原因不明，这就像是阿尔贝·加缪的《局外人》（*L'Etranger*）中的情形。他回到火车上，没人发现他做的一切。火车开动，他开始和那个女孩说话。女孩名叫赫丝特（Hester），双目失明。迪迪向她坦白了他犯的罪行，可是女孩坚持说他从未离开过车厢。他们一起进了火车里的盥洗室，乘着火车的摇晃亲吻、做爱。

火车一到站，整个场景灰蒙蒙的，人们脸色苍白，身体浮肿；他等着自己所犯的谋杀案被人发现，可是没有人来抓他。在《死亡之匣》色彩单调、篇幅较长的中间部分，迪迪碰上了显微镜公司的同事。他快速地浏览报纸，寻找他的犯罪报道，可是报道的全是发生在遥远地方的战争——“对一个没有防御能力的弱小国家的持久谋杀”。显然，这是指越南。这样，迪迪也就觉得自己的谋杀算不了什么，轻松地原谅了自己。最后，终于有一则消息：一位名叫因卡尔多纳（Incardona）的男子在隧道中被火车撞死。迪迪非常清楚地看见了因卡尔多纳的尸体被解剖的情形。也许，正在解剖的是他自己的尸体，由那位“穿着白衣白裤的黑人”实施。[16]

《死亡之匣》的最后三分之一变得轻松愉快。在这田园牧歌式的结尾部分中，迪迪和赫丝特谈了一场温情脉脉、带有超现实色彩的恋爱。迪迪带着赫丝特回到了纽约，以“身体欠佳”为由辞掉了工作。在他们同住的狭小公寓里，不久俩人就开始争吵。迪迪对赫丝特提出种种要求，这让她变得疲惫不堪；而他自己“历经如此痛苦的磨难而残存的一丁点宝贵的生命力”也就要“逸漏得枯竭了”。迪迪病倒在床，赫丝特照料他。他带她回到了隧道中火车停靠的地方，再次杀死了因卡尔多纳。赫丝特的尖叫声和医院病房里的嘈杂声混在一起——“醒醒！”“喂！”“插上氧气！”[17]迪迪进入了一个宽敞的大厅，或者说停尸房，里面满是棺材和尸体。在小说的结尾，手法老到的收官之笔终于让迪迪平静地离开了人世。

迪迪在隧道中杀死了因卡尔多纳，这让《死亡之匣》成为一部形而上意义上的谋杀小说。它也是对美国在越南战争中所扮演的角色的暗喻。与小说中的谋杀相似，这场战争催生了噩梦般的、似真似幻的负罪感，令人困惑不已。桑塔格在此暗示，迪迪这个意外杀人的凶手，其实代表了美国的每一个民众，要为在越南发生的一切负责。除了“越战”这个主题之外，在写完《恩主》之后桑塔格试图要摆脱唯我主义的创作倾向。《死亡之匣》是对迪迪头脑之外的世界的反映，只不过采用了扭曲反映的方式。还有一个主题就是良心不安：主人公隐约意识到自己被牵连到一场暴行之中。这将在桑塔格以后历史性的批评文章中成为挥之不去的主题。

在写作《死亡之匣》之前，桑塔格就一直在从电影的角度思考小说创作的形式。她将有电影结构的小说做了梳理。[18]《死亡之匣》就是一部高度电影化的小说[路易斯·布尼埃尔（Luis Buñuel）表示，他有兴趣将这部小说拍成电影]。从火车上的场景、隧道里的杀人案，到不同层次的意识与现实之间令人目眩的切换，以及叙事本身对其虚构性的清醒认识，都体现出电影的特征。迪迪这个名字也让人联想到《等待戈多》中弗拉基米尔的名号迪第（Didi）。[19] 杀人案可能发生了，也可能没有发生。这个母题在这一时期的另外一部电影米开朗基罗·安东尼奥尼（Michelangelo Antonioni）的《春光乍泄》（*Blow-Up*，1966）中也出现过。《死亡之匣》也融入了那个时代的人们对药物致幻的兴趣，尤其是小说中所呈现的那种脱离焦点、模模糊糊、扭曲变形的感觉。在日记中，桑塔格对致幻剂有所记录。她注意到，乐思得（LSD）会造成视觉形象的扁平化，使看到的图景失去景深，还会引发实物解体的幻象。这都与她在小说中对时间和空间的扭曲呈现相关联。[20]

在写作《死亡之匣》的时候，桑塔格继续与贾斯珀·约翰斯会面，这让她能够及时更新自己的兴趣所在，即 20 世纪 60 年代艺术界的理论新动向。艺术的发展日新月异，她必须紧跟潮流——波普艺术（Pop）、偶发艺术（happenings）、极简主义（Minimalism）及概念艺术（Conceptual art）。桑塔格在日记中写道，在文学领域，一切都有待探索。[21] 通过贾斯珀，桑塔格不仅与罗伯特·劳森伯格、摩斯·肯宁汉（Merce Cunningham）及约翰·凯奇交往，还和马塞尔·杜尚打上了交道——凯奇认识了杜尚，两人经常对弈；约翰斯和劳森伯格两人与杜尚的第一次相遇发生在 1959 年。[22] 桑塔格早期的文章对心理分析的批评、对表层和实体的信念不仅仅是对弗洛伊德心理分析中的过度阐释所做的回应，更是对这些艺术家所持立场的认同：他们反对抽象表现主义对个体的狂热。在接受采访时，桑塔格回想起了与这些艺术家相处的岁月："跟他们在一起，听他们高谈阔论，对我来说就是思想大解放。"[23]

1966 年 1 月，桑塔格见到了深居简出的艺术家约瑟夫·康奈尔（Joseph Cornell），他已迷恋桑塔格多年，在阅读了桑塔格在《纽约先驱论坛报图书周特刊》上发表的一篇讨论莫里斯·纳多（Maurice

Nadeau）的《超现实主义的历史》（*The History of Surrealism*）的书评后，对她的迷恋再次升温。他先送了桑塔格一本他的电影《福忒先生》（*Monsieur Phot*，1933）的剧本，然后来到格林威治村桑塔格的公寓拜访她。桑塔格成为他的好几件盒子装置作品的主题——通过极端而又美得令人窒息的并置手段，康奈尔创造出超现实主义的小世界，这些拼接起来的小世界探索了诸多主题：技巧、神话、迷人之美、偶像、戏剧性和文艺明星。康奈尔和他的母亲以及兄弟罗伯特（Robert）住在位于皇后区的乌托邦公园路的一所房子里。在地下室，他拥有一间自己的工作室。他是个多情的人，常常给他倾心的对象寄去他创作的作品。

康奈尔为桑塔格制作的作品包括了一幅以19世纪的名伶亨丽埃特·桑塔格为主题的拼贴画[24]；还有另外一件名为"椭圆"（*The Ellipsian*，1966）的画作，画作以桑塔格本人为主题，《恩主》护封上桑塔格的一张照片被置于画框右上方，照片已经磨损，桑塔格的目光透过模拟太阳系图表上的椭圆和圆圈庄严地向外观望。这幅肖像画在理念上超越了我们的世界，构图简单，采用几何图形，格调优雅。1965年和1966年的年末岁初，康奈尔给桑塔格和大卫寄来了书信、明信卡、情人节的礼物、圣诞贺卡，以及含义隐晦的短笺和应季礼物。桑塔格将这些东西都收了下来。[25]然而，康奈尔的热情冷却了，或者说受到了打击：在为桑塔格制作了好几件盒子作品之后，他突然写信说要取回其中的一些作品。对于桑塔格而言，60多岁的康奈尔并不是一位合适的追求者：在他的母亲刚刚去世不久，他竟然就和一位女士共浴，而且他的私密行为被拍摄了下来。[26]

1996年初，《反对阐释》面世，这进一步加强了桑塔格身为批评家的地位。那时，《死亡之匣》正处于创作当中。她写得很快，但很不容易。桑塔格认为，和贾斯珀在一起对她来说很好。可是，

约瑟夫·康奈尔的作品《椭圆》（1966），混合材料。

她依然觉得自己孑然一身。自从离开艾琳之后，她其实只为大卫活着。也许她的情感有些枯竭了，孤独成了令人担忧的常态。她计划夏天去欧洲——伦敦、巴黎、捷克斯洛伐克、安提比斯和威尼斯。去欧洲旅行成了她每年必做的事情，在之后的岁月里，她去法国的次数会更多。不过这一年她是带着大卫去的。

7 月份，桑塔格和大卫参观了巴黎地下墓穴（Catacombs of Paris），这也是她对《死亡之匣》结尾停尸房场景描写所做的考察。巴黎地下墓穴是巴黎四通八达的地下坑道中的一处墓室，藏有百万计尸骨，人体骨架被固定在墙壁上展出，从 19 世纪早期就对游客开放。桑塔格在日记中写道，在地下墓穴，死亡被美化了；它没有给信步游览的游客提供任何解释，带给他们的只不过是一团混杂的理念，那种类似于迪迪在《死亡之匣》的末尾所感知到的“世界的概览”：可怕，却又令人惊叹。[27]小说的结尾也是受了她的朋友彼得·胡嘉拍摄的巴勒莫地下墓穴（Palermo Catacombs）照片的影响，现在看来一目了然。[28]1963 年，胡嘉和保罗·泰克参观了巴勒莫墓穴，这对泰克也同样也产生了巨大的影响。就在桑塔格写作《死亡之匣》的时候，泰克也创作了主题极其类似的艺术作品《坟墓》（*The Tomb*）。该作品在 1967 年第一次展出，其核心展品是艺术家本人的身体模型——一具“死尸”，被涂成了粉色，周围是献祭给来世的贡品。这与《死亡之匣》相似，同样象征了 20 世纪 60 年代梦境中黑暗的一面。

桑塔格从巴黎坐飞机去了布拉格，然后前往卡罗维发利，在那里待了 10 天，接着又和埃利奥特·斯坦因一起回到了布拉格。一个星期六的早晨，她坐在布拉格大使酒店的大厅里写日记，大卫还在楼上睡觉。很久以来，她第一次感到一丝的满足。[29]

8 月，桑塔格在伦敦参与了彼得·布鲁克剧院和耶日·格洛托夫斯基剧院之间的一个合作项目。桑塔格对有领导才华的人总是很着迷，观察这两位富有魅力的戏剧导演的工作情形对她以后在电影《食人者二重奏》和《卡尔兄弟》（*Brother Carl*）中对权力关系的呈现产生了一定的影响。几年后，她自己导演戏剧的时候，这段经历也派上了用场。桑塔格写道，布鲁克是一个“能慧眼识人的人”，

“非常热情，说话嗓门很高”。她认为格洛托夫斯基就像托马斯·曼的小说《马里奥和魔术师》（*Mario and the Magician*）中的卡里加里或者那位音乐家。[30] 这两位导演与桑塔格“垮掉的”朋友乔·柴金（Joe Chaikin）非常不同。柴金待人随和，是利文剧院（Living Theatre）的导演。桑塔格的下一部批评集《激进意志的风格》（*Styles of Radical Will*）就是献给他的。与布鲁克和格洛托夫斯基一起共事也促使桑塔格对自我和身份再次进行思考。她甚至想过要完成早已放弃的博士学位。不过，现在她可能会选的论文题目是“当代法国哲学中的自我意识、认知自我及超越自我”，涉及的作家会包括亨利·柏格森（Henri Bergson）、让－保罗·萨特、乔治·巴塔耶、莫里斯·布朗乔（Maurice Blanchot）和加斯顿·巴什拉德（Gaston Bachelard）。[31] 这篇论文最终未能完成，但是构想的主题却持久地影响着她。伦敦的工作结束之后，她坐飞机回到巴黎，观摩戈达尔拍摄电影《我对她略知一二》（*Deux ou trois choses que je sais d'elle*）。[32] 她坐火车去了安提比斯，然后到了威尼斯，入住格里蒂皇宫大酒店。回到纽约后，她对《死亡之匣》进行了校对。小说终于及时完成，等着在来年（即1967年）的夏天出版。

桑塔格在这一时期写的文章收录在批评集《激进意志的风格》中。这些文章比《反对阐释》中的任何一篇文章都更为深入、更为曲折地对所选主题进行了探究。《激进意志的风格》收录了8篇篇幅很长的文章；《反对阐释》收录了26篇文章，内容比较庞杂。不过，《激进意志的风格》中的文章之间的联系更为紧凑，形式上更为连贯，不再有《漫谈“坎普”》中的恣意张扬，那种将高雅与低俗文化融为一体的风格也不再是她的行文特征。《激进意志的风格》更加集中于一般意义上所说的“高雅的”、欧洲的、前卫的主题：这包括“沉默美学”、萧沆、“戏剧与电影”、伯格曼的《假面》（*Persona*）、戈达尔；同时，她慷慨陈词，对文学中出格的色情进行了讨论，涉及巴塔耶、萨德、波琳·瑞芝（Pauline Réage）的《O 的故事》（*Story of O*）、让·德贝格（Jean de Berg）的《形象》（*The Image*），后两本小说的署名都用了假名。

桑塔格对艺术门类之间的互动和艺术形式依然保持浓厚的兴趣。不过，大多数情况下，她对小说避而不谈。她对电影的痴迷从未中断，一直在写有关伯格曼和戈达尔的评论文章。《激进意志的风格》中的所有文章表明，她反对阐释的立场没变，继续关注形式和风格而不是意义的挖掘，对问题的分析更为深入，对讲故事、叙事和艺术策略表现出特有的兴趣。这部批评集的最新变化是收录了两篇政论性文章，她高声，甚至有点喊破嗓门地疾呼“美国发生了什么”（“What's Happening in America”）——这篇文章最初是针对《党派评论》的编辑发出的问卷调查所做的回应——另外一篇文章大体上是对桑塔格 1968 年的“河内之行”的追问。

桑塔格曾经在日记中构思过一部小说，讲的是一位献身于精神追求的艺术家的故事。在《沉默美学》这篇文章中，她详细讨论了针对这个话题的思考。这篇文章再次得益于她在大学讲授的宗教课。桑塔格写道：“每个时代必须为自己重新定义‘价值观念’（spirituality）。”“在当下的时代里，最活跃而且贴近于精神追求的活动是‘艺术’。”[33] 桑塔格总是和广泛的文化价值观念领域中滋生暗长的种种变化保持一致——这要求艺术家在社会中有新的担当。桑塔格在杜尚之后的艺术中对“精神追求”的兴趣不仅积极地呼应了《模范受难者的艺术家》（*The Artist as Exemplary Sufferer*）中提出的神圣和苦难的作家这个观念——《反对阐释》中的“西蒙娜·韦伊”也堪称楷模——而且对其内涵进行了拓展。

有关沉默的文章讨论了艺术作品中使用的艺术策略的转向：

声明放弃（renunciation）、虚无（nothingness）和缺席（absence）。文章涉及20世纪形形色色的艺术家、反艺术实践者（anti-artists）、哲学家、剧作家、音乐家和小说家：提到了杜尚的现成品作品；凯奇的《4分33秒》和对偶然操作（chance operations）的使用；克莱斯特（Kleist）和劳特瑞蒙特（Lautréamont）的自杀；霍尔德林（Hölderlin）和阿尔托（Artaud）的疯癫；公开声明放弃艺术创作的典型案例——兰波流亡阿比西尼亚，维特根斯坦去医院做勤杂工，杜尚从艺术工作“退休”去下棋。毫无疑问，这是宽泛意义上的沉默，桑塔格认为在所有这些例子中（尽管无法做到纯粹沉默），缺席感在艺术发挥其经久不衰的功能的过程中起了非常重要的作用，它是“一种引发关注以及教会人们如何关注的技巧”。[34]

曾一度，艺术家的任务似乎只是开发新的关注领域和关注对象。这个任务依然有效，但问题重重。现在，关注借以实现的官能受到了质疑，衡量的标准也更加严苛。正如贾斯珀·约翰斯所说，“现在要把事情看个清楚相当困难，其实我们什么也看不清楚”。[35]

批评家的任务也是开发新的关注领域和关注对象，还要对关注本身所要达到的高度做出调整。这两项任务桑塔格都在做，而且往往同时在做。在有关沉默的文章中，桑塔格继续沿用她在《反对阐释》中采用的思路，还是提倡通过再聚焦的方法让感官变得敏锐起来。然而，桑塔格倡导的简约主义和精简的做法其本身潜在的目标相当远大，“理想的结果是，我们都应该有能力关注一切”。若不是志存高远，甚至有点过火，桑塔格批评的焦点就不值一提。《激进意志的风格》中的所有文章表明，她在力图超越自我，努力奋进。这些文章共同关注的另外一点是语言本身存在的问题：

语言是“在所有艺术创造所使用的原材料中最不纯净、污染最严重、挖掘最充分的那一个”。桑塔格写道：“我们缺乏词汇，我们又拥有太多的词汇。”[36]这是个很难解决的问题，它已经被贝克特、巴勒斯、卡夫卡和斯坦因等众多知识分子认识到了，他们以反讽的方式将这个问题转化成更多的词汇、更多的作品，现在轮到我们所熟知的、桑塔格20世纪60年代的经典之作了。

写作中存在的问题也体现在桑塔格讨论萧沆的文章以及《挑战自己的思想》（*Thinking Against Oneself*）中。她对于写作问题的讨论不是基于个人言语的层面，而是关注更加宽泛的哲学争论和文章结构层面。桑塔格宣称，对于萧沆来说，格言的魅力在于高度概括。而她自己格言式的文体风格也有这个特点，时不时地闪现出睿智的火花。究其根源，格言能够超越自身，“对萧沆而言，运用格言与其说是遵循了现实原则，不如说是遵循了认知原则——每个深刻的思想观念都会很快受到它本身衍生出的思想观念的挑战，这是它的宿命”[37]。在这篇文章中，桑塔格还猛烈地抨击了“历史意识”[38]这个幽灵，因为它终结了所有思考，贻害不浅。不过，随着年龄的增长，她将回到以前的自己，不再拘泥于沉默、客体、不可阐释、对心理分析的抵制以及极端观念和做法——这样的批评语气和主题是贯穿《激进意志的风格》全部文章的线索。

这本批评集中的文章给桑塔格提供了机会，让她在不知不觉中揭示了她自己小说的写作技巧。其中谈论的电影更是如此。在《伯格曼的〈假面〉》（*Bergman's Persona*）和《戈达尔》（*Godard*）这两篇文章中，桑塔格对这两位电影制作人的策略进行了讨论。这也是对她的小说《死亡之匣》和《恩主》中使用的写作策略的描述。桑塔格在分析伯格曼的电影时说：“《假面》中到处是彼此消解的符码。”这和他的小说《死亡之匣》一样，虚幻与现实纠缠在一起，两者都不再确定。“虚幻，或曰幻觉，以同客观现实一样的面貌和节奏出现在屏幕上，如此‘真切’。”《假面》以非常极端的方式对人物再现提出了质疑，她没有给出一个完整的叙事，只是提供了“一套叙事元素”。类似地，在《死亡之匣》中，小说在讲述故事的同时给出了一套故事构件。这样一来，故事可以以另外一种版本讲述。“没有完整的故事”，伯格曼“呈现了某种意义上非常粗糙，但在另外一种意义上非常抽象的东西：一堆材料、一个主题”。[39]

与戈达尔相似，桑塔格痴迷于抽象的表达方法和迥异风格的使用，以及不同文化类型的兼收并蓄。让她感兴趣的是戈达尔的作品“对某些关系的交代保持克制”：“尽管戈达尔的电影中的事件序列看起来像是一个完整的故事，但却衔接不起来；观众只是得到了一条部分被抹掉，或者被消除了的叙事线索”。[40]伯格曼和戈达尔采用了不同的抽象表达方法。桑塔格写道，“《假面》具有一个‘不确定’的情节；而戈达尔的电影采用‘间歇式’情节”，因为一部分情节似乎被抹去了。[41]这两位电影大师代表了新的叙事类型——桑塔格提到的其他电影示例包括雷奈的《去年在马里昂巴德》（*Last Year at Marienbad*）和安东尼奥尼的《奇遇》（*L'Avventura*）——电影产生了谜一样的效果，让观众“知的欲望”落空。[42]我们可以把这种叙事称为“抽象现实主义”，尽管人们常常把它与电影界的“新浪潮”和小说界的“新派小说”联系起来。

《死亡之匣》于1967年8月出版。同月，苏珊去了马提尼克岛。小说遭遇了媒体的恶评。许多评论者不但没有表达理解，甚至还带着些许讥讽。似乎桑塔格作为评论家的身份让人们对她的小说创作怀有较高的期待。和她的评论文章相比，人们对她的小说的接受度很不乐观。批评界对桑塔格的这部作品的回应基本尘埃落定，这让她非常懊恼，而且懊恼了一辈子：他们认为她的批评优于她的小说创作，甚至认为正是由于她的批评才华如此优秀，才显得她的小说创作乏善可陈。她讨厌这种说法，总是认为自己首先是个小说家，其次才是批评家，尽管在《死亡之匣》之后时隔 25 年她的另一部小说才面世。

事后看来，可以说人们严重误解了《恩主》和《死亡之匣》：这两部小说都是对“抽象现实主义”的创作理念的尝试。跟杜尚的艺术作品相似，它们就像迷宫，可以反复建构，没有止境。两部作品中的不确定性缺乏一种引人深思的因果关联感。桑塔格评论文章中呈现出来的无限可能性如此令人振奋，以至于她早期的小说似乎不愿彻底地表明自己的态度。看来还得再过几年桑塔格才能做到这一点。

在马提尼克岛的那段时间，桑塔格在她的日记里写下了一系列对过去的反思。对于和艾琳的分手她依然耿耿于怀，对于成长过程中她和米尔德里德之间的关系她仍旧念念不忘。她抱怨母亲在她还小的时候对她的依赖，她们之间更像是姊妹而不是母女关系。在马提尼克岛写的日记中，桑塔格还对自己做了详尽的分析，她对自己非常不满意。这引发了她的作品中出现的另外一个主题：食人者或者吸血鬼。这不禁让人想起亨利·詹姆斯（Henry James）的《圣泉》（*The Sacred Fount*）——长期以来，詹姆斯被认为是把控所谓“吸血鬼主题”的高手。对此，桑塔格非常熟悉，她在《假面》这篇文章中已经有所提及。

在她的友谊和恋爱中她有没有利用别人？他们的生命之源有没有因为她而枯竭？她有没有榨取他们身上的脂膏，然后去寻找下一个目标？她写道：“我觉得自己就是一个吸血鬼、一个食人者。”她觉得在她的所有亲密关系中——与梅里尔、菲利普、哈里特及艾琳的关系——她是在“掠食”。“从他们那里我拿到了宝物，学到了他们知道的东西……然后，我展翅高飞。”[43]的确，这些关系为她的作品提供了营养，这是她作品的生命力的来源吗？与所有的作品一样，桑塔格的作品的生命力首先来自于书本，其次也源自于桑塔格与其他人的交流和兴趣爱好，这让她的作品永葆活力。确切地讲，桑塔格从他们那里拿到了什么？从菲利普那里，她获得了严格的学术素养、坚定的行文语气、对哲学问题的掌控能力及对弗洛伊德和阐释的兴趣；从哈里特那里，她了解了在圣弗朗西斯科和巴黎的同性恋生活，这些最终都融入了《漫谈“坎普”》；从艾琳那里，她学到了坦然面对自己的性取向以及对戏剧的热爱；从贾斯珀那里，她了解了艺术世界的动向，了解了沉默、客体及自在之物。在之后的人际关系中，这种模式将继续上演。桑塔格过着几种不同的、具有创造性的生活：她是批评家、小说家、剧作家和电影制作人。每一种生活都可以追溯到某个特定的人身上。

1968 年 4 月，桑塔格意外地接到与记者安德鲁·科普坎德（Andrew Kopkind）和反战活动家罗伯特·格林布拉特（Robert Greenblatt）对南越进行为期两周的访问的邀请。如她在《河内之行》（*Trip to Hanoi*）中所言，她接受了邀请，“下定决心在行程结束后，我将不会写与之相关的任何文字”。[44]事实证明，这次越南之行是桑塔格人生中的重要转折点，它唤醒了她的政治意识。早在1966 年 2 月，她就和其他当代作家——包括罗伯特·洛厄尔（Robert Lowell）、诺曼·梅勒（Norman Mailer）和伯纳德·马拉默德——一起参加了“越南和平祈愿朗读”活动。1967 年，在一次“停止征兵抗议周”的活动上，她与艾伦·金斯堡、格雷斯·佩利（Grace Paley）以及其他人一道被警察逮捕。但是，越南之行终于让她看到了自己在政治意识、文化意识和历史意识方面的欠缺。

这次行程也激发出她作为作家的潜能。除了她的日记之外，桑塔格首次采用第一人称在《河内之行》中进行写作。后来，她说这是“第一次我真正地在写我自己”。“它改变了我。我意识到，作为一名作家，我可以享有某种自由。”[45]对这次行程进行写作也是一种新的写作形式——鸿篇巨论——的尝试。这种形式在桑塔格之后的写作活动中还会表现出来，比如《疾病的隐喻》和《关于他人的痛苦》（*Regarding the Pain of Others*，2003）这种独立成书的长篇大论。在给《河内之行》的越南语译本写的“序言”中，桑塔格强调这次行程引发了她的思想转变：“到现在为止，我写的每一部作品都可以按照‘河内之行’之前或之后来划分。”[46]

这次越南之行是桑塔格人生中的第一次东方之行，也是她第一次身处这类战争规模的战争区域。对桑塔格而言，旅行常常意味着她这一辈子都津津乐道的在欧洲度过的夏天：美妙可口的大餐、在异国他乡迷失方向、精美的艺术、奇珍异宝，还有她在短篇小说《没有向导的旅行》（*Unguided Tour*）中赞不绝口、令人迷醉的漫步和赏景——“铺瓦的屋顶、木建的高台、海湾的游鱼、铜制的钟表、岩石上晾晒的围巾、橄榄树散发出的幽香、桥畔的落日以及赭色的石头”。[47]然而，在越南她却亲历了一场多年来她只是通过新闻报道而间接了解的战争，而且，《死亡之匣》一部分内容就是以它为主题的。在她的想象中，这块土地如此鲜活，以至于初到此地的时候她感到很失望。但是，这次行程的确迫使她“积极地直面我自己的思想局限”，她力图理解越南人的思维方式和生活方式。结果，“从河内回来的时候，她的心灵得到了洗礼”。[48]

《河内之行》充斥着各种矛盾和不成熟的主张，表达了相对复杂甚至有些颓废的思想，作品表现出作为美国人的桑塔格面对越南人时的优越感。但是，桑塔格在彰显自己面临的危险以及无法交流，或者说无法弄清事情原委的同时，通过验证和调整几乎所有她最初的感知，成功地把这部作品变成了有关文化错位和沟通不畅的描述，令人深感不安。“当我真诚地面对自己的时候，”桑塔格写道——作品本身很真诚，令人耳目一新，政治正确被置之脑后——“我得承认这片土地对我来说太陌生了，实际上，除非与之保持‘距离’，我什么也理解不了。”[49]

行程本身就是一场考验。桑塔格、科普坎德和格林布拉特这个古怪的三人组花了 10 天的时间才从纽约经由巴黎、金边和万象抵达河内。这是因为原计划路线无法实施（回程只花了不到一周的时间）。在《河内之行》中，桑塔格援引自己日记中的话来表达最初几天的感受：无法交流、绝望和惊叹。她觉得很不自在，整个行程就是由越南人导演的一出“政治表演”。她对语言本身的问题的讨论在《激进意志的风格》中随处可见，只是在河内的日子里，这些问题变成了现实。她不仅无法通过翻译进行真正意义上的交流，还得忍受反反复复出现的政治口号和官腔。她对自己的看客身份很不适应。在越南“感知历史”，这种强烈感受让她既困惑又钦佩。她深深地感受到她那被污染了的、永不知足的美国人的天性，感受到了“他们和我之间存在的障碍”。她觉得她身处“玻璃箱”中。[50]

桑塔格在河内城里四处走走，有时独自一人，引起市民的关注时她感到很高兴。她的行程由向导在早上和下午安排。她很是恼火，感觉被驱赶着，一会儿到这里，一会儿到那里。在索恩纳特酒店，他们给她送上丰盛的饭菜，而她身边大部分越南人却没有多少东西可吃。但是，随着《河内之行》讨论的深入，桑塔格的“心理不适”渐渐消散，她开始反思，对她临时形成的一些看法产生了怀疑，涉及的问题包括：相较于美国人，越南人在伦理和道德方面的特质；他们应对苦难的独特能力；他们在物质生活方面的贫困和集体意识；在他们的社会中，私人空间和公共空间没有明显区分。[51] 她还注意到越南人高尚的道德。他们以体面的方式埋葬了坠毁的美国轰炸机的飞行员，这令人汗颜。他们足智多谋，自从 1965 年以来，他们一共修筑了两千一百万个防空洞。他们还能做到物尽其用。

每架被击落的飞机都被巧妙地拆卸。轮胎被割下来做成一双双大部分人都在穿的橡胶凉鞋。任何不曾损坏的发动机组件都被进行了改装，用到卡车的马达上。飞机的机体被拆解，金属被熔铸成形形色色的工具、小的机器部件、手术器械、电线、自行车车轮的辐条、梳子、烟灰缸，当然了，也被制成众所周知的、标有数字的指环，并且作为礼物送给来访的客人。拆下来的每一个螺帽、螺杆和螺丝钉都被充分利用，无一剩余。美国人遗留下来的任何东西他们都依照此法进行处置。在我们参观过的好几个村子里，挂在树上的用来召集会议或者发出空袭警报的大钟，就是未曾爆炸的炮弹的弹壳。[52]

有关越南和越南人的大量情况桑塔格在两周的行程中并没有完全掌握。她自己心里明白，在《河内之行》的后半部分中，她对这个国家比较理想化的呈现可能与事实不符。在人生的这段时期，她的艺术活动表现得比较激进——《激进意志的风格》是她刻意以极端的方式写作的批评集——她下定决心，要以同样激进的方式参与到政治生活中去。从越南回国后，在 1968 年 6 月和 7 月，她在忙着写这次行程，这段时期发生的两件大事一定让她深感同情：一件是法国的“五月风暴”，另一件是“布拉格之春”。“某个事件的发生让全新的感受凸显了出来，这一直是人生中最重要的经验，”桑塔格如此写道，“近来发生的事情也对人们提出了道义上的要求。”[53]

在河内，她的精神之旅在很大程度上也受到了自己愤懑情绪和文化态度的误导。比如，她看望了在河内关押的美国战俘，这件事在她的日记中也有记载，其中暗示他们遭受了折磨。不过，这件事情没有写进《河内之行》，因为这和美国对越南的狂轰滥炸在她的内心引发的愤怒情绪相抵触。不管她在那里看到了什么，她的愤怒都不会因此而有所减弱。因为行程太短，她对越南一方理想化的描述尽管出于好意，但却是一副高高在上的姿态。然而，桑塔格利用这次机会开启了一场针对自我的革命：“因此，我发现在越南北方的时候，发生在我身上的一切并没有因为我回到美国而结束，一切仍在酝酿之中 。”[54]由此，旅行再次改变了她。长久以来，她一直表示渴望与现实世界保持接触。第一次，这种渴望变成了现实。

注 释:

1. Susan Sontag, *As Consciousness is Harnessed lo Flesh: Diaries, 1964-1980.* ed. David Rieff (London, 2012), p. 334.
2. Ibid., p. 142.
3. Ibid., p. 334.
4. Larry McCaffery 认为，“对《死亡之匣》几乎一致的评论表明评论者误读了桑塔格的写作意图”。McCaffery 还指出了《死亡之匣》与 Borges 的短篇小说 *The South* 的相似之处。详情参见 Larry McCaffery, '*Death Kit*: Susan Sontag's Dream Narrative', *Contemporary Literature*, XX/4 (Autumn 1979), p. 487.
5. 参阅 *As Consciousness*, p. 60. 桑塔格注意到，巴洛斯在《裸体午餐》中从第一人称叙述转换到第三人称叙述，最后又回到第一人称叙述；Susan Sontag, *Death Kit* (London, 2009), p. 2.
6. *As Consciousness*, p. 61.
7. 大卫 · 里夫在这本书中提到了骷髅 : *Swimming in a Sea of Death: A Son's Memoir* (London, 2008), p. 173.
8. 弗朗西斯 · 培根（1909—1992），英国画家，风格以怪诞著称。（译者注）
9. *Death Kit*, p. 4.
10. Ibid., pp. 6-7.
11. Ibid., p. 41.
12. *As Consciousness*, p. 387.
13. *Death Kit*, p. 10.
14. Ibid., p. 11.
15. Ibid., p. 14.
16. Ibid., pp. 166, 111.
17. Ibid., pp. 230（“身体欠佳”），250（“漏得枯竭”），287（“醒醒”）。
18. *As Consciousness*, pp. 68, 173-174.
19. 桑塔格在接受 Evans Chan 的采访时提到，Buñuel 表示有兴趣将《死亡之匣》拍摄成电影，'Against Postmodernism, etc. - A Conversation with Susan Sontag'，*Postmodern Culture*, XII/1（2001 年 9 月）；Tony Tanner 在讨论《死亡之匣》的时候首先注意到了 Didi/Diddy 之间的关联: *City of Words: American Fiction. 1950-1970* (New York, 1971), pp. 260-272.
20. *As Consciousness*, pp. 65, 143.
21. Ibid., p. 167.
22. Calvin Tomkins 在 *Duchamp: A Biography* (London, 1997) 第 411 页中说，约翰斯、劳森伯格和杜尚在 1960 年相遇；在他讨论 Jasper Johns 的文章 *The Mind's Eye* 中，Tomkins 又将年份改为 1959，参见 *New Yorker* (2006 年 12 月 11 日)，p. 85.

23. Leland Poague, ed., *Conversations with Susan Sontag* (Jackson, MS, 1995). p. 186.

24. Carl Rollyson, *Susan Sontag: The Making of an Icon* (New York, 2000), p. 96.

25. 在加利福尼亚大学洛杉矶分校图书馆馆藏文献中，有好些关于约瑟夫·康奈尔盒子作品的资料。参阅洛杉矶 Charles E. Young Research Library 和 UCLA Library 中馆藏的盒子作品 120—122 号，以及苏珊·桑塔格文献汇编。

26. Cohen 详细讲述了康奈尔和桑塔格之间的纠葛，参见 Rachel Cohen, *A Chance Meeting: Intertwined Lives of American Writers and Artists. 1854-1967* (London, 2004), p. 234.

27. *As Consciousness*, p. 172; *Death Kit*, p. 312.

28. 桑塔格在 *Portraits in Life and Death* 的“导言”中提到了胡嘉拍摄的巴勒莫地下墓穴的照片给她的启发。参阅 Peter Hujar, *Portraits in Life and Death* (New York, 1976).

29. *As Consciousness*, pp. 183-184.

30. Ibid., pp. 190（布鲁克），192（格洛托夫斯基）。

31. Ibid., p. 198.

32. Ibid., p. 201.

33. Susan Sontag, 'The Aesthetics of Silence', 选自 *Styles of Radical Will* (London, 2009), p. 3.

34. Ibid., p. 13

35. Ibid.

36. Ibid., pp. 13, 14, 22.

37. Susan Sontag, '"Thinking Against Oneself": Reflections on Cioran', 选自 *Styles of Radical Will*, p. 79.

38. Ibid., p. 75.

39. Susan Sontag, 'Bergman's *Persona*', 选自 *Styles of Radical Will*, pp. 126, 130, 132.

40. Susan Sontag, 'Godard', 选自 *Styles of Radical Will*, pp. 180, 158.

41. Ibid., p. 158.

42. 'Bergman's *Persona*', p. 133.

43. *As Consciousness*, pp. 235, 206.

44. Susan Sontag, 'Trip to Hanoi', 选自 *Styles of Radical Will*, p. 205.

45. Poague, ed., *Conversations*, p. 124.

46. 引自 Barbara Ching, 'Not Even a New Yorker: Susan Sontag in America', 选自 *The Scandal of Susan Sontag*, ed. Barbara Ching and Jennifer A. Wagner-Lawlor (New York, 2009), p. 60.

47. Susan Sontag, '*Unguided Tour*', 选自 *I, Etcetera* (London, 2001), p. 233.

48. 'Trip to Hanoi', pp. 270, 271.

49. Ibid., p. 211.

50. Ibid., pp. 214, 220, 225, 226.

51. Ibid., p. 235.

52. Ibid., p. 254.

53. Ibid., p. 273.

54. Ibid., p. 274.

V 置身于柏拉图的洞穴（1968—1975）

桑塔格在美国没待多久。她几乎是刚到纽约就又踏上了旅程，前往欧洲去度过1968年的夏天。大卫现在已经是十几岁的青少年了。身如浮萍，这种感觉比以往任何时候都强烈，或者说她在转变身份，想在新的地方扎下根来。尤其是现在，她在巴黎住的时间更久了，而长期以来，她都是每年必到巴黎的观光客。显然，在巴黎她出入于法国的文艺圈，而不再是最初的美国圈子。然而，当她逐渐被巴黎的文艺圈所熟知的时候，她却经常前往欧洲的其他地方。那年夏天，她还是去了意大利，希望在那里为自己制作的新电影找到一位制片人。这又是一次全新的尝试。

桑塔格生活的地理位置的中心在改变，她所选择的文艺创作的媒介也在改变：在接下来的几年里，她将投身于电影创作。7月在罗马的时候，她就收到了访问斯德哥尔摩的邀请，邀请是由桑德鲁电影与戏剧公司(Sandrew Film & Teater)的戈兰·林格伦(Göran Lindgren) 发出的。桑德鲁公司提出要拍摄桑塔格的第一部电影。在接下来的5个月里，桑塔格一直待在瑞典，创作并导演了电影《食人者二重奏》。

邀请的发出以及桑塔格的欣然接受并非破天荒的事情。这有先例可循，非常明显的重量级人物有玛格丽特·杜拉斯（Marguerite Duras）、皮埃尔·保罗·帕索里尼（Pier Paolo Pasolini）和阿兰·罗比－格里耶，他们最初都从事写作，后来转而从事电影导演的工作。

在《反对阐释》中桑塔格写道："目前，在所有艺术形式中，电影最具活力，最激动人心，也是最重要的艺术形式。"[1]作为一名批评家，她被欧洲的传统深深地吸引，这在20世纪60年代她写的有关电影、伯格曼、布列松、戈达尔和雷纳斯的文章中已经显现了出来。在她自己的电影创作中，这些人物都是她学习借鉴的对象。不过，也许是受到了美国地下电影的濡染，她极有可能已经是个本土的先锋派电影创作者，就像杰克·史密斯（Jack Smith）[桑塔格在《反对解释》中讨论过他的电影《热血造物》（*Flaming Creatures*）]、肯尼思·安格（Kenneth Anger）、斯坦·布拉克基（Stan Brakhage）、玛雅·德仁（Maya Deren）或者乔纳斯·麦卡斯（Jonas Mekas）等前卫电影创作人那样，他们的作品桑塔格耳熟能详。桑塔格去瑞典是形势使然，因为林格伦主动提出要拍摄她的电影。不过，瑞典也给了她艺术创作的自由，让她可以放手刻画当代美国的生活。桑塔格发现，对于这个她有一肚子苦水要吐的主题很难以小说的形式来表现。最后，文化的断裂与她创作一部有关语言的电影的想法不谋而合。关于这一点，1968年7月她在巴黎谈到过。[2]

瑞典距离她的美国经验不会像越南那么遥远。但是，她在瑞典创作的两部电影大部分选用的是瑞典演员。其中的一部（《食人者二重奏》）用瑞典语拍摄，配英文字幕；另外一部（《卡尔兄弟》）用英语拍摄。众多的主题——语言和无法交流、沉默、失语、放弃——都得到了充分表达。这两部电影继续探讨了她在小说中呈现的抽象现实主义。但是，和《死亡之匣》及《恩主》相比，电影在情感方面进行了强化，剧情围绕夫妻生活展开，而且以更为直接的方式剖析了当代社会两性关系的互动。

新的艺术媒介激发出桑塔格不同于以往的创作能力和艺术兴趣。两部反传统的电影就像迷一样，让人们看到了不同于小说风格的、全新的桑塔格：她一门心思纯粹通过人物之间的关系创设情感语境，别的东西则一概不要；抽象的技巧只用来强化情感的表现。在电影创作中，桑塔格发现了新的叙事方法，这更契合于表现她的日记中有关爱情的私人素材。她的电影继续以一种俭省的方式表达她在“婚姻笔记”中透露出的极度不满。

1968 年 8 月，桑塔格在斯德哥尔摩创作了《食人者二重奏》的电影剧本。在 9 月又完成了第二个版本。与此同时，她敲定了出演人员和拍摄场地。在 10 月和 11 月，她花了 6 周就拍完了整部电影。桑塔格选用的拍摄设备极其简单：一台阿莱弗莱克斯（Arriflex）牌摄像机、一台用来录制对话的纳格拉（Nagra）牌录音机。在由 7 位演员组成的强大演出阵容中，除了意大利演员阿德里亚娜·阿斯蒂（Adriana Astri）之外，其余皆是瑞典演员。桑塔格对约翰·凯奇的偶发美学很感兴趣，也对戈达尔电影中的多语角色和即兴演出的韵味饶有兴致。因此，在她首次创作电影时，她就打算在拍摄过程中对偶然出现的欢快插曲，以及演员和拍摄人员的干预持开放的态度。不过，在实际拍摄时，演员们严格按照剧本表演，没有一点儿即兴的成分。或许因为这一点，《食人者二重奏》具有一种规整、“书写”的品质，带着古典或者极简主义的风格。情节设计不蔓不枝，有一种怪怪的秩序感。然而，电影呈现的事件令人感到非常窘迫，营造出一种超现实主义的、令人焦虑（以及黑色幽默）的效果：“当人们熟悉的事物出现在不该出现的地方，或者事物失去了其惯常的作用，那么焦虑感便产生了”——这是桑塔格在《沉默美学》中对贝克特和卡夫卡的作品中令人困惑的荒芜所做的评价。[3]

《食人者二重奏》的背景设在斯德哥尔摩“抽象的当下”这一天。[4] 电影呈现了两对夫妇的故事——两位“曾经的学生”托马斯（Tomas）和英格里德（Ingrid），他们20多岁的年纪，以及逃亡的阿瑟·鲍尔（Arthur Bauer，一名政治上激进的知识分子，年近50，他珍藏着一只布莱希特送给他的打火机）和比他年轻的妻子弗朗西丝卡（Francesca）。托马斯来到斯德哥尔摩郊外的别墅为鲍尔工作，和电影中的其他情形一样，托马斯工作的确切性质模糊不清，我们只知道托马斯在帮助鲍尔整理文件，目的似乎是协助他写回忆录。“我不清楚我到底中了什么魔，竟然要做这件事，”鲍尔对托马斯说，“回顾自己的一生是一项很艰巨的任务。太多的秘密是不能说的。”[5]鲍尔要求托马斯待在他的家里。除了整理文件，他还要求托马斯照料弗朗西丝卡。弗朗西丝卡在第一次见到托马斯的时候，就将一本书扔出了窗外。在后面的场景中，

电影《食人者二重奏》(1969)中弗朗西丝卡正给托马斯看磁带录音机。

她开始引诱托马斯。

电影故事刚一开始，英格里德和托马斯的关系就出现了问题，而且关系变得越来越紧张：两个人总是说不到一块儿去。两人似乎都不够成熟，显得无辜而且心烦意乱。英格里德也在为托马斯在鲍尔家工作的事情而操心，因为在那里发生的事情越来越令人不安。一天晚上，弗朗西丝卡把在书房的床上睡觉的托马斯叫醒，给他看一台锁在书柜里的磁带录音机。后来，托马斯播放了磁带，他听到鲍尔在谈论即将来临的死亡。“我能感觉到病情在恶化。医生们说至少还有两年的时间……可是我怀疑他们弄错了。”[6] 另一天晚上，鲍尔唤醒了托马斯（可能这些发生在晚上的唤醒事件其实是在做梦），弗朗西丝卡把自己锁在车里，鲍尔夫妇当着托马斯的面在车里做爱。

鲍尔夫妇与托马斯之间的游戏越来越危险：弗朗西丝卡给了托马斯一把枪，要他杀了她的丈夫。托马斯听到鲍尔在录音带里说：“我已决定除掉弗朗西丝卡……这让我很痛苦，但是 ——”[7] 鲍尔被困在了壁橱里，托马斯与弗朗西丝卡上了床。这之后，鲍尔开始引诱英格里德。在一场对有产阶级的晚宴所做的超现实主义讽仿中，这两对夫妇坐在一起进餐。鲍尔给了英格里德一份“业余家政员”的工作——他突然辞掉了管家格伦德贝里（Grundberg）夫人，因为他怀疑管家在食物中下毒。[8] 结果，英格里德与鲍尔夫妇两个人都睡到了一起，这几乎成为她“工作职责”的一部分。故事快结束的时候，鲍尔欺骗托马斯说他已经杀了弗朗西丝卡，然后他自杀了。托马斯与英格里德在花园里欢快地烧掉了鲍尔的文件。可是，当他们动身离开的时候，托马斯看到鲍尔夫妇站在窗口，正在向下面观望。

在桑塔格最初构思的电影中，鲍尔并不是个政治流亡者，而是一名心理医生，托马斯是他的助手。桑塔格在后来写的日记中意识到，这是她以前没能完成的作品的翻版。在那部未竟的“托

电影《食人者二重奏》（1969）中鲍尔夫妇站在窗口观望。

马斯·福克”的写作计划中，托马斯是一家私人诊所前来就诊的患者，而不是年轻的医生，不过，“托马斯”这个名字还是沿用了下来。[9]在电影《食人者二重奏》中，我们无法搞清楚到底托马斯是在真正地协助鲍尔夫妇做工作，还是他被人家耍弄了一番，落入了他们编织的陷阱，就像那个奇怪的场景里面的毛线球：鲍尔夫妇面对面坐着，弗朗西丝卡在绕毛线球，鲍尔为她撑毛线。

和桑塔格的早期小说相比，《食人者二重奏》发生在更为真实的环境中。不过，这仍然处于桑塔格所称的“想象的心理世界；

日常心理意义上的真实，以及虽然怪诞我却认为是真实存在的心理状况——但是，如果用日常生活中实际的标准去衡量，这又不是真实的”。[10]这部电影纯粹是一部角力游戏，是一场强与弱的较量。从心理和性的角度来说，鲍尔夫妇吞噬了托马斯和英格里德，软弱的自我变得强大了起来。这部电影是对詹姆斯的“吸血鬼”主题的刻意扭曲，是其现代的翻版；它是桑塔格对自身贪恋本性的焦虑及越来越强烈的伦理意识——知识意味着心灵污染，纯洁意味着无知（就像她自己一样无法做到两者兼顾）——所做的戏剧化的表现。[11]她总是感觉到她在“吃”书，就好像那是食物，并因此忧心忡忡。同样地，桑塔格把吃和性关联了起来。《食人者二重奏》中对吃的忧虑也源自于她作为一个美国人对自己（文化及生理）贪欲的认知，即“我的意识中贪求的习惯”。[12]这在《河内之行》中从头至尾皆有所呈现。由此，桑塔格从中营造出令人不安的黑色幽默。在晚宴上，鲍尔大吃大喝，贪婪而可笑，这让托马斯感到既惊讶又讨厌，鲍尔吃得甚至离开了餐桌去呕吐。“他没事儿，相信我。吃你的吧。”弗朗西丝卡向托马斯保证。鲍尔回到自己的座位上，又自取了一大块食物。[13]

鲍尔在心智方面也在吞噬着托马斯。托马斯整理鲍尔文章的工作就像是一位传记作者深陷传主的生活。由此，《食人者二重奏》也是对传记写作中权力关系的戏剧化表现。年轻的托马斯来到鲍尔的家里，开始了解他隐藏的秘密及他的家庭生活，而他本人的生活被放在了一边。从桑塔格开始，这可能是只有传记圈内人士才明白的笑话了。托马斯在书房里整理成堆的鲍尔的笔记本，他发现从 1953 年开始日记出现了空白。这与桑塔格的笔记本何其相似。她的笔记本也是在她嫁给菲利普·里夫后的一段时期里沉寂下来的。也许，鲍尔和里夫的潜意识是相似的。桑塔格在日记中说，结识了比她年纪大的里夫，而且得到帮他“做一些研究工作”的机会，她高兴得晕头转向。最初，桑塔格所做的略带奴役性的文字工作也映射在托马斯和年长的鲍尔博士之间的关系中。[14]同样地，鲍尔告诉托马斯：“我给你一个做事的机会。”[15]实际上，许多年来桑塔格都被菲利普所吞噬；就像托马斯一样，当她终于获得了新生，从自己的遭遇中变得更为强大的时候，菲利普可就受苦了。

《食人者二重奏》的拍摄刚一完成，桑塔格就又去旅行了。1968 年 12 月，她在墨西哥国立大学做了一场演讲。学生和演讲者都对发生在墨西哥城里的大屠杀非常愤怒。早在 9 月时，军队占领了这所大学。在随后的 10 月 2 日，许多抗议者被监禁、毒打和枪杀。在 1000 多名墨西哥听众强烈的质问下，桑塔格禁不住哭了：跟在越南时一样，面对复杂的国际政治形势，她有些力不从心。[16]

1969 年 1 月，桑塔格去了古巴，在那里待了两周，由此诞生了《（我们）爱上古巴革命的正确方法一二谈》[*Some Thoughts on the Right Way (for Us) to Love the Cuban Revolution*]这篇发表在《堡垒》（*Ramparts*）上的文章。

2 月，桑塔格着手剪辑《食人者二重奏》。在 3 月的一个星期六的早晨，她将第一份拷贝在斯德哥尔摩放映给林格伦一个人观看。林格伦非常喜欢这部电影。他刚从放映室出来就告诉她，“欢迎”她来年到瑞典再拍摄一部电影。5 月，《食人者二重奏》在戛纳首次亮相。9 月，桑塔格在纽约电影节上放映了这部影片。她还和法国导演艾格尼丝·瓦尔达（Agnès Varda）一同出现在了电视上，是《新闻周刊》（*Newsweek*）的杰克·克罗尔（Jack Kroll）对她们进行的采访。不过，1969 年的夏天，她大部分的时间都是在意大利度过的。整个夏天，她都在构思下一部电影的情节。她也有了新的恋情，爱上了意大利的贵族小姐卡洛塔·德尔·佩佐（Carlotta

del Pezzo）。她被彻底卷入了爱情的漩涡。

七八月份，她们之间的关系让桑塔格感受到一种无法抗拒的“激情、希望和期待”。自从和艾琳分手后，她想竭力摆脱挥之不去的孤独感。这次，爱情来得如此猛烈，简直就是一场地震。从一开始，她就被爱冲昏了头脑，她为卡洛塔陷得太深。在桑塔格的日记中，卡洛塔是一个游离不定的模糊存在，她犹犹豫豫，未能全心全意地投入到这场恋爱中来，她和她的前女友比阿特丽斯（Beatrice）依然藕断丝连。卡洛塔告诉桑塔格，18 岁那年她染上了毒瘾，以至于无法抗拒，没有海洛因她连自杀的心都有。不过，她最终还是戒除了毒瘾。桑塔格认为这是英勇的行为，可是卡洛塔并不认可这一点。[17]

尽管卡洛塔是一个脾气温和的人，但她的情绪却大起大落。正如西格丽德·努涅兹多年后所说，卡洛塔虽然很“随和”，但是她的“情绪极易低落，这差点让她患上焦虑症”。[18]那年夏天，桑塔格在那不勒斯遇上了卡洛塔以前的情人比阿特丽斯，她提醒桑塔格说卡洛塔的感情非常脆弱。桑塔格觉得她和卡洛塔正好是两个相反的极端。桑塔格具有坚强的意志，她果敢独立，依计划行事，而且能够面向未来，一心扑在工作上。相反，卡洛塔相信宿命，容易感情用事，不会太在意计划[尽管她为时装设计师肯·斯科特（Ken Scott）工作]，她宁可随波逐流。“你难道不明白你才是自己生活的主宰吗？”[19]在米兰的一天，桑塔格如此启发卡洛塔，可是她并不赞同。显然，两个人的脾性水火不容。但是，有一段时间她们在一起很快乐。

她俩的关系并没有因为距离而有所发展。意大利之行结束后，桑塔格于 9 月回到了纽约，开始和她的助手兼朋友弗洛伦斯·马尔罗（Florence Malraux）——安德烈·马尔罗（André Malraux）的女儿、阿兰·雷奈的妻子——一起为电影《卡尔兄弟》创作剧本。此时，桑塔格于纽约的住处不在格林威治村，而是在第 106 街与滨河大道交叉处的一间两居室顶层公寓“340 号”。在 20 世纪 70 年代的大部分时间里，这里一直是她在美国的寄身之所。公寓的前租客是贾斯珀·约翰斯。他搬走后，桑塔格就接手了租约。[20] 公寓的窗户很大，面对着哈德逊河，落日的余晖洒在河面上美妙极了。公寓的装饰很简朴，沿着走廊摆满了书，墙上挂着电影剧照和桑塔格喜欢的文学大家的肖像。桑塔格的卧室兼工作室的墙壁上空无一物，这是刻意为之；屋子里没有任何书籍，目的是当她在桌子上的电动打字机前坐下来写作的时候不受任何干扰。[21] 与弗洛伦斯一起创作《卡尔兄弟》时，卡洛塔远在万里之外，桑塔格对卡洛塔的情感进入了新的阶段：对她的“渴望、占有以及爱的苦痛”更为强烈。桑塔格只好忍着，期待与她再次聚首。[22]

1969 年 11 月，桑塔格在进行创作期间发生了一件可怕的事情：她的朋友苏珊·陶布斯自杀了。这令她大为震惊。自从她们初次相识，她们一起在哥伦比亚大学共同执教，桑塔格一直把她视作另外的一个自己。一天晚上，苏珊·陶布斯离开了她依然任教的大学附近的家，乘火车去了长岛，然后打车来到海滩。据报纸报道，当时她穿着宽松的长裤和一件滑雪衫。她径直步入了大西洋的海水中溺水而亡[23]，当时她只有 41 岁，刚刚出版了她的第一部小说《离婚》（*Divorcing*）。这部小说基于她与丈夫的分手经历而创作。她的丈夫雅各布·陶布斯就是 1957 年桑塔格乘船前往英国时来送别的那个人，当时的场景多么感人。

桑塔格协助确认了好友的遗体。[24] 几年后，桑塔格写了一部短篇小说《情况汇报》（*Debriefing*）。在小说中，她把苏珊·陶布斯刻画成名叫“朱莉娅”（Julia）的人物——她很焦虑，人很瘦，神经质，吃不下饭，也不能外出；她总是被一些不着边际的想法搞得心烦意乱。

那个星期三的傍晚，我告诉朱莉娅，如果她自杀了那该有多么愚蠢。她同意了我的说法。我以为我说服了她。两天后，她再次离开寓所，结束了自己的生命。

这个故事是桑塔格写给朋友的挽歌。19岁那年，在哈佛大学威得恩图书馆的台阶上，她结识了苏珊·陶布斯，“人很瘦，长得漂亮，有些做作，容易激动，心不在焉……如此疲惫不堪，如此烦躁不安，又如此动人”。[25]那个和她同名的苏珊弃世而去，这让她非常沮丧。不过，这更坚定了她活下去的决心。在日记中，桑塔格在思考创作一篇有关自杀的哲学对话录，标题是“存在的理由”。[26]可惜最终没有写成。然而，自杀的主题却被写入了《卡尔兄弟》的电影剧本。

与《食人者二重奏》相比，《卡尔兄弟》的酝酿过程比较缓慢，电影弥漫着更为浓烈的阴郁情绪。前一部电影中恣意的喜剧格调在这部电影中没了踪迹，《卡尔兄弟》是一部纯粹精神的、沉思的、忧郁的电影；同时，电影还讨论了纯洁和聪慧的主题，桑塔格的想法是要把《卡尔兄弟》拍成“一个冬天的故事”。[27]在她与林格伦讨论的时候，林格伦对此表示怀疑。她坚持认为这部电影必须拍成黑白片，而不是彩色片——实际上，她的观念是整部影片应该是从黑暗走向光明。电影讲述的故事围绕一个未曾言明的恶劣行为展开，在故事的结尾因为高尚的举动而得以补救，创造了一个奇迹。“生活中唯一有趣的行为就是创造奇迹，或者想要创造奇迹，但却未能如愿。”[28]这是桑塔格在剧本的序言中写下的话。在创作这部电影的过程中，桑塔格在日记中写道，她发觉很难处理人物和主题的复杂性，其围绕着苦难与圣洁、爱情与道德败坏而展开。[29]按照最初的设想，

《卡尔兄弟》的故事中要完成两大奇迹，结果只有一项实现了。

与《食人者二重奏》一样，这部电影讲述的是夫妻之间出现的问题。情节设置依然干净利落，演出阵容很小，只有 6 名演员。大部分的拍摄就地进行，拍摄地点安排在一个小岛上——电影中有多处情节与莎士比亚的戏剧《暴风雨》（*The Tempest*）相呼应，这便是其中的一点。电影再次讲述了婚姻出现问题的一对夫妇卡伦（Karen）和彼得·桑德勒（Peter Sandler），同另外一对夫妇马丁（Martin）和莉娜（Lena）之间难解难分的纠葛。卡伦和彼得之间的关系是“还未激化的疏离”，他们不能进行真正意义上的沟通。他们 6 岁大的女儿安娜（Anna）是个自闭症患儿，默默无语，这既加深同时又折射了这对夫妻之间的紧张关系。[30] 马丁和莉娜已经离婚 5 年，他们之间的关系已经陷入僵局。他们有着共同的专业兴趣，两人都是舞台导演（马丁是音乐剧导演）。他们之间的情感裂痕不是通过孩子来体现，而是通过马丁的剧团里一名优秀的舞蹈演员卡尔（Carl）来表征。不知马丁对卡尔做了什么，卡尔的精神受到严重伤害，现在的他心智失常，和安娜一样沉默无语。在电影中扮演卡尔的演员劳伦特·特兹弗（Laurent Terzieff）认为，他在卡尔和马丁的身上看到了尼任斯基（Nijinsky）和佳吉列夫（Diaghilev）[31] 的影子。桑塔格说，实际上当她刻画马丁的时候，她在心里想的是另外一个人[也许是彼得·布鲁克（Peter Brook）或者耶日·格洛托夫斯基]。

在电影《卡尔兄弟》的开头，卡伦和莉娜结伴旅行来到了岛上。马丁在这座岛上有栋别墅，卡尔也在这里。与《食人者二重奏》相似，人物之间有精神交流和性的互动。桑塔格希望他们之间的关系更多的是一种给予与接纳的关系，而不是想凸显“掠食”的特征。当然，他们的确在“吞噬”对方。马丁不厌其烦地引诱卡伦，他迷恋她身上那种懵懵懂懂的特质。莉娜想方设法要让马丁明白自己的心思，但毫无进展。“你知道我为什么来这里吗？”莉娜问马丁。“知道。”“你的答案呢？”“不。”[32]卡尔住在一间木屋里，木屋看上去像个山洞。莉娜和卡尔在木屋里发生了性关系。她这么做的目的一半是为了试探马丁，一半是为了触动马丁。可是马丁并不领情，不为所动。马丁的冷漠就像一堵无法逾越的高墙。日出时分，莉娜从小岛上的一处荒滩步入了大海，直到海水淹没了她的头顶。卡尔发现了莉娜，她没有活过来，电影中的第一个奇迹未能实现。但是，卡尔带着沉默的安娜来到海边，他拼尽全力要让安娜恢复说话的能力，这导致卡尔葬身海底。

《卡尔兄弟》以一种更加优雅和严肃的方式进一步探讨了桑塔格在《食人者二重奏》中已经探索过的“想象的心理世界”，那个一半真实一半抽象的领域。这部电影对沉默的表现更为彻底，它以悲剧的方式而不是黑色喜剧的方式呈现情感和心理伤害。在她的文章《走近阿尔托》（*Approaching Artaud*，1973）中桑塔格认为，阿尔托的戏剧是“这样一个场域：‘精神’模糊的面相通过‘真实的物质投射’得到了呈现”。[33]在《卡尔兄弟》中，桑塔格想对情感、性欲以及精神力量做类似的表达。卡尔和安娜都不能说话，他们的在场不仅仅是两个“真实”的人物，更是两对夫妇遭受的痛苦和无法交流的象征：他们几乎就是长了腿的情感。卡伦、马丁、莉娜和彼得之间的互动也是权力的运作，带着吸人膏血的意味，是强弱之间的博弈，反映了所有关系中的给予与索取。

藏身之所是《卡尔兄弟》的一大特点。就像桑塔格小时候一样，卡尔挖了一个大洞。他还和安娜一起躲藏在林多（Rindö）一个废弃的堡垒的坑洞里，以及他的小木屋里。也许，当莉娜走向大海的时候，她找到了终极的藏身之所。在电影的剧本中，卡伦

《卡尔兄弟》（1971）剧照：卡尔把莉娜从水中拖出来。

给马丁讲了一个梦。在梦中，莉娜复活了，可是当她醒过来的时候她认为这是真的。在日记中，桑塔格说这是她自己做的有关苏珊·陶布斯的梦。[34]“有时在晚上，我梦见自己抓着朱莉娅的长发往回拖她，”在《情况汇报》中桑塔格写道，“我低头看着她……抓着她的头发，将她拖出水来。”[35]莉娜的死亡场景在电影剧本中有描写，但是没有拍摄。卡伦做的梦虽然拍摄了，但最后被剪掉了。莉娜没有被救活，桑塔格以往作品中“生死不定”的主题不再进行非常模糊的处理。这部电影里的死亡和苏珊·陶布斯的死亡一样是真真切切的。

写完《卡尔兄弟》剧本的第一稿之后，桑塔格于 1970 年 1 月来到斯德哥尔摩，逗留了两周时间。时值北欧深冬时节，她着手挑选演员和拍摄地点。然后她去了巴黎，和卡洛塔待了一周的时间。很明显，她希望卡洛塔能跟她来纽约。可是在最后一刻，卡洛塔动摇了，放弃了去美国的念头。1970 年的春天，桑塔格在纽约修改《卡尔兄弟》的剧本。卡洛塔对桑塔格失去了信心，这让桑塔

1971年的桑塔格。

格心神不宁了很长时间。她不仅将这部电影献给了卡洛塔，甚至电影的标题几乎用的都是她名字的简缩——桑塔格一直很重视电影的标题。事实上，她觉得自己被抛弃了，似乎她和卡洛塔最初保持的那种纯洁的关系结束了。爱情初期的希望变成了现在的失望。她有点惊慌失措，到处寻求帮助，她跟史蒂芬·库克（Stephen Koch）、乔·柴金、弗洛伦斯·马尔罗等朋友诉说她和这位意大利恋人的情况。她也把内心的苦恼倾诉在日记里，这样她总会把痛苦转化为前进的动力。

桑塔格回到欧洲去度夏，在意大利再次见到卡洛塔。她越想得到肯定的答复，卡洛塔就越敷衍搪塞。当初桑塔格吸引卡洛塔的部分原因是她的坚毅品性，而这个优势现在消失了。她回到斯德哥尔摩，在八九月花了8周的时间拍摄《卡尔兄弟》。拍摄结束后她又回到意大利。最后，她和卡洛塔的关系在10月的第一周彻底破裂了。桑塔格在日记中写道："结束了。"桑塔格彻底崩溃了。痛苦击垮了她，对孤独的恐惧再次笼罩了她的生活。不过，一如既往，一旦她转向日记寻求自助，她已经基本知道要采取什么样的措施继续生活。她从爱情带给她的伤害中振作了起来。这种坚强的品质在以后的生活中几乎成为一种内在机制，当然也有不管用的时候。从卡洛塔给她带来的巨大失落中恢复过来还需要一些时日。她觉得自己已经把心都掏出来了，她已经竭尽全力，可最终还是失去了她。又剩下她孤单一人，这种感觉更加强烈，"也许我将永远孤单下去"。[36]

在1970年底的最后几个月里，她对《卡尔兄弟》剧本的"序言"做了编辑和译制。在"序言"中她说道，她近来在自己的生活中试图"创造奇迹……着手写这个剧本的时候，我正承受着求索的煎熬。拍摄结束的次周，我在罗马终于明白败局已定"[37]。看来，她要创造的奇迹不是——原本可以是——让苏珊·陶布斯在电影中复活，而是企图赢得卡洛塔的芳心。同时，这部电影也宣告她与桑德鲁公司合作的结束。1971 年 1 月，她把完成的电影再次单独放映给林格伦观看。与上次不同，桑塔格没有接到再拍摄一部电影的邀请。

在接下来的两年里，桑塔格的职业生涯和个人生活都出现了危机。年将 40，她却发觉自己有些迷失方向。从 1968 年开始，她不再写作评论文章和小说，更像个电影制作人和政治活动家。这种新的转向严重威胁到她的作家身份的自我认同。《死亡之匣》的反响不是很好，政论性的文章有时让她觉得在说假话。而社会对电影《卡尔兄弟》的反响在她看来简直就是“一场灾难”。[38] 她没有从在瑞典拍摄的电影中赚到任何钱。实际上，在拍摄过程中为了养活自己她还欠下了债务。[39] 尽管不是有意而为，她似乎成了一位海外侨民，她在欧洲度过的时间比她在纽约度过的时间还要多。与她的先行者亨利·詹姆斯、格特鲁德·斯坦因等人一样，她不是在美国而是在法国以及欧洲的其他地方遇见了她的缪斯。可是，她的方式与其他人不一样：她不是完全侨居国外，而是在越来越长时间的海外旅行之后回到祖国。这种双重生活尽管令人振奋，有时却让她感到困惑。她既不完全属于美国，也不再属于欧洲；她企图在两个对立的世界之间建立起一座桥梁。她和卡洛塔之间的爱情关系的破裂加重了她飘无定所的感觉。

1972 年 9 月传来了保罗·古德曼（Paul Goodman）去世的消息——他们之间有些交情——这触发了她为古德曼写作的念头。写成的文章后来成为她的作品集《在土星的星象下》（*Under the Sign of Saturn*）的开篇。作品的开头是桑塔格的自我画像。20 世纪 70 年代早期，桑塔格蜷缩在她巴黎的“洞穴”里，在迷茫中尝试着重整旗鼓：

我在巴黎的一间小屋子里写下了这些文字。我坐在打字桌前的一张藤条椅上。打字桌就在窗前，窗外是一个花园。我的身后是一张小床和一只床头柜。地板上和桌子底下全是手稿、笔记本及两三本简装书。在这个家徒四壁的小住所里，我已经生活和工作了一年多。开始的时候并没有打算或者想好要这么做。毫无疑问，这正好顺应了我的某些需求：轻装上阵，闭关静思，以尽可能精简的方式开启新的生活。[40]

在20世纪70年代的好几个年头里，这间漂亮的屋子是桑塔格在巴黎的栖身之所，这里距离雉园路不远，位于巴黎第16区，正好是妮可·斯特凡（Nicole Stéphane）家车库楼上的一间公寓。妮可是苏珊和卡洛塔分手后结识的第一位法国恋人。她也从事电影拍摄，这一点儿也不奇怪——从菲利普开始，苏珊的好多恋情都是这样，工作和爱情密不可分。妮可拍摄了玛格丽特·杜拉斯的《毁灭，她说》（*Détruire, dit-elle*），该片在1969年的戛纳电影节上放映。或许，妮可就是在戛纳遇见了桑塔格。妮可也参加了1971年的戛纳电影节。[41]妮可比苏珊大10岁，她有过非同寻常的过往。1942年，在第二次世界大战期间，妮可逃离了巴黎——她是犹太人，是从事银行业的罗思柴尔德（Rothschild）家族的后裔。她辗转到了西班牙，经由里斯本到了伦敦，并在那里加入了法国抵抗阵线。战后，在戏剧学校里，妮可的才华被让-皮埃尔·梅尔维尔（Jean-Pierre Melville）发现。在20多岁的年纪，妮可就参演了《沉静如海》（*Le Silence de la mer*，1949）和《可怕的孩子们》（*Les Enfants terribles*，1950）。20世纪60年代初期，由于一场车祸及其他原因，妮可早早地终止了她的演员生涯，转而拍摄电影。她的电影风格是名副其实的文艺片。她花了许多年的时间，执着于拍摄普鲁斯特（Proust）的《追忆似水年华》（*A*

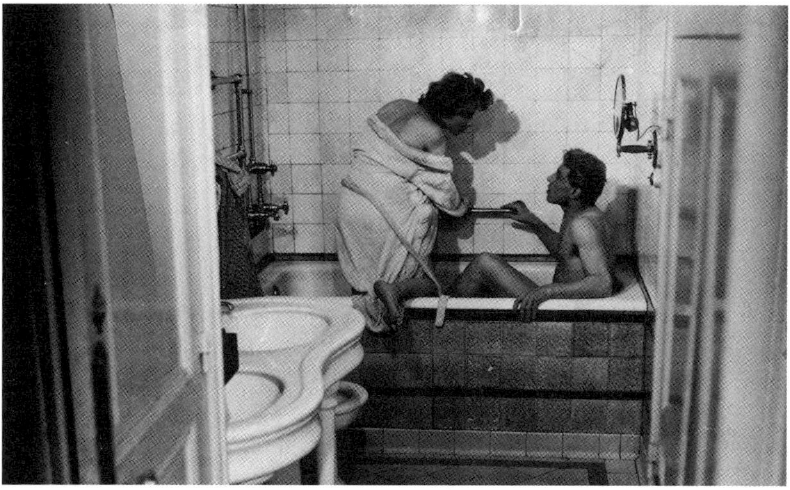

妮可·斯特凡与爱德瓦·德米特（Edouard Dermithe）出演的《可怕的孩子们》的电影海报，电影改编自让·谷克多发表于1950年的同名小说，编剧是让-皮埃尔·梅尔维尔。

la recherche du temps perdu）。妮可对比她年轻的苏珊充满着母亲般的关爱。她们之间的关系使得苏珊更为深入地融入了法国生活。妮可的英语不是很好，这更加速了苏珊融入的进程。

在妮可的支持下，桑塔格将西蒙娜·德·波伏娃的第一本小说《女客》（*L'Invitée*）改编成了电影剧本，故事依然是几对夫妻之间的情感纠葛，其中的一位角色让苏珊联想到了卡洛塔。[42] 剧本终于写完了，洋洋洒洒近200页。桑塔格心里清楚，与她在瑞典拍摄的两部紧凑的电影相比，这将是一部大制作，涉及复原20世纪30年代的社会风貌。[43] 尽管她做了大量的准备工作，《女客》最终未能开机拍摄。

不过，在这段时期，桑塔格发表了两篇有关女性的、极具个人特色的文章：《女性的第三世界》（*The Third World of Women*）和《衰老的双重标准》（*The Double Standard of Aging*）。慢慢地，她又开始尝试着进行文学创作，写的主要是短篇小说。在对保罗·古德曼进行短暂地思索之后，她又回到了文化批评的写作。她在《纽约客》上发表了文章《走近阿尔托》。她再次重拾原有的兴趣：戏剧、文学中的现代主义，以及由来已久的主题——极端的意识、疯癫、苦难和超现实主义。

在《走近阿尔托》这篇文章中，桑塔格写道："作为先知先觉的艺术家，他第一次化身为他的意识的纯粹的受害者。"[44]桑塔格宣称，阿尔托的思想为意识画出了新的图式和新的领域，他走得如此之远以至于无法赢得认同——如同他的戏剧理念，大部分很难搬上舞台。阿尔托激情满怀的思想引发了桑塔格的共鸣。在某种程度上，这篇热情洋溢的文章就像一篇驱魔长文，用以化解桑塔格自身面临的心理危机。

在这一时期的日记中，她提到想通过创作短篇小说重新开始。她一方面尝试新的写作风格和叙事方式，一方面直面自己艺术创作中存在的问题。[45]大概早在 1964 年，她就意识到"写作是很狭窄的一道门"，并不是想要的一切都能从这道窄门挤过去。这和其他所有困扰她的限制条件一样，令桑塔格难以接受。现在，她开始探讨解决问题的方法。如果不想让写的故事半途而废，那就必须学会驾驭围困她的、不容易把控的那些限制条件。她写道，对于文学问题我们应当凸显它，"严加拷问"，而不是回避它。[46]

1972 年，桑塔格受邀到中国进行为期 3 周的访问，这引发了她为父亲写书的想法。她的构想是完成后的作品应该更像写实，而不是虚构，其中应该充满了所思所想、对过去的回忆以及旅行见闻和照片。[47]她将这个构想向《纽约客》杂志的编辑威廉·肖恩描述为汉娜·阿伦特和唐纳德·巴瑟姆（Donald Barthelme）风格的融合。书还未写，她倒先把所有的材料整合成一个故事——"中国旅行计划"，写于中国行之前，但一直推迟到 1973 年 1 月才出版。桑塔格花了 1 个月的时间绕道北约才得以成行。出乎预料的是，她童年时期梦想中的中国和现实中的中国没有任何关系。打算写一本有关中国的书依然只是她内心的一个念头。

给桑塔格的下一部重要作品提供背景的国家不是中国，而是以色列。1973 年 10 月至 11 月，斋月战争（the Yom Kippur War）还未正式停火，桑塔格就开始了《应许之地》（*Promised Lands*）的拍摄。她和妮可·斯特凡一起花了 5 周多的时间，历尽艰辛，冒着危险完成了拍摄工作。这是她拍摄的第一部“纪录片”。然而，《应许之地》也是一部带着个人色彩的政论性的作品。桑塔格在影片中并未现身，她甚至连一句话都没有说——她一定考虑过写点评论性文字作为画外音。她选取了拼贴的手法，把自然景观、街道、其他人的声音和其他人的观点拼接了起来，从而对阿以关系进行多层次、细致入微的描画和呈现，尽管影片中没有出现阿拉伯人的声音。纪录片的开头部分没有任何对话，这种镜头持续了很长时间，只通过声音和影像营造出一种诗意的、印象派风格的景象。《应许之地》就像一曲绵长的挽歌，不只是对过去的悲叹，更多的是对未来前景的忧虑。在回顾这部影片的拍摄时，桑塔格证实说，她想“呈现一种状况，而不是一种行为”；呈现“一种精神景观，当然也有物质的和政治的景观”。[48] 这种状况首先是毫无尽头、反反复复的战争，交战双方走入了死胡同，苦苦相逼，都认为自己有权生活在自己的国家，拥有他们自己的领土。

《应许之地》的拍摄是一种全新的体验，它不同于写作，也不同于桑塔格在瑞典拍摄的两部电影。这和利用演员、“将自己用剧本武装起来”的拍摄方式完全不同。她拍摄的是“没有剧本，要求一头扑进现实的那种电影”。当桑塔格和拍摄组来到西奈旷野的战争前线时，这种现实也意味着踩爆埋在沙地里的地雷。[49] “现实不是凭空创造出来的东西，”桑塔格写道，“你得追着它跑，而且经常摔倒在地——因为你拖着沉重的三脚架。”[50]这次拍摄的电影是一部没有外力因素介入的即兴作品，它融入了机会因素和偶发事件。作为一部散文风格的电影，它让人联想起了克里斯·马克（Chris Marker）的游记电影。

《应许之地》让人们对战争的残酷现实、历史的重演以及这片血债深重的土地上日常生活的脉络有了深刻的认识。桑塔格对拍摄材料的剪辑凸显了她早就探讨过的主题。只不过，她的瑞典电影中所呈现的人与人之间、两性之间的意志的较量现在变成了政治较量。电影的最后一组镜头聚焦于部队的心理医院：一位精神受到创伤的士兵在接受“治疗”，医生将他麻醉，模拟战场上的激战声音以刺激他的反应。这样的结尾延续了从《弗洛伊德》开始就贯穿她的作品的心理探索的主线，与《食人者二重奏》一样，它呈现的是心理的严重扭曲。

在以色列拍摄这部纪录片的时候，她写的一篇文章《摄影》（*Photography*）出现在《纽约书评》上面。这成为她的批评集《论摄影》（*On Photography*）中的第一章“置身于柏拉图的洞穴”（“In Plato's Cave”）。书中有6篇文章，每篇文章所花的写作时间都超过了6个月。在接下来的几年里，桑塔格探讨的有关摄影的问题将直接从这次在以色列拍摄战争纪录片的经历中吸取营养。《应许之地》没有回避残酷的景象：死尸和烧焦的躯体躺在沙漠中焦黑的坦克周围，一排排遭受弹震症折磨的士兵在病房里痛苦地扭动着身体。这些影像都是桑塔格亲自拍摄和剪辑的。对于摄影引发的良心不安，以及她对摄影所做的类比——例如，她把相机比作枪炮——都被她在中东地区拍摄战争纪录片的经历所证实。

在拍摄《应许之地》之前，桑塔格有关摄影的文章的灵感最早来自于她在纽约参观过的黛安·阿勃斯（Diane Arbus）的摄影作品展。那是黛安离世后在现代艺术博物馆举办的一次展览。阿勃斯生前也给桑塔格拍摄过照片。在潜意识里，桑塔格把阿勃斯（1971 年 7 月自杀身亡）和苏姗·陶布斯的自杀，以及近来阿尔弗雷德·切斯特的悲惨去世联系了起来。自从切斯特被驱离摩洛哥后，他就浪迹天涯好多年。1971 年 8 月，人们发现他死在了耶路撒冷的一间公寓里，遗体周围堆满了空酒瓶。难道《应许之地》也是她献给阿尔弗雷德的一曲挽歌吗？也是对阿尔弗雷德的人生最后的栖身之所的苦苦思索吗？桑塔格不会承认她有过这样的想法。几年前，他们之间的关系就闹僵了。然而，阿尔弗雷德的死亡依然萦绕在她的心头。桑塔格不想要黛安、苏珊和阿尔弗雷德那样的结局，她告诉大卫，她要成为他们中的幸存者。[51]

针对阿勃斯的摄影展，芭芭拉·爱泼斯坦（Barbara Epstein）采访了桑塔格。随后，她询问桑塔格是否愿意对此给《纽约书评》写点什么。她动笔写作，表面看来仅仅是在讨论阿勃斯，可最终写成了两篇文章：第一篇总体上是对摄影的讨论；第二篇标题为“怪异秀”（Freak Show），对讨论阿勃斯和沃克·埃文斯（Walker Evans）的书籍做了评论，这篇文章发表在次月（1973 年 11 月）的期刊上。这个时候，桑塔格依然在以色列拍摄纪录片。第二年，她又写了两篇关于摄影的文章。类似地，最初写成的文章也是对摄影著作所做的评论。桑塔格终于找到了一个可以涵盖她诸多兴趣的主题。她亲自实践拍摄了电影；她热爱影像，是影像的消费者；她也是重视伦理的理论家，是超现实主义者，同时还是作家。《论摄影》这本书还有待她花费些时日。在写作的过程中她条分缕析，写完一稿又一稿。这是她的惯常做法。然而，她对这些文稿反反复复地进行修改，这却是前所未有的。由此，最终的版本中格言式的表述层出不穷，作品臻于赋格曲式的精美。

1973 年岁末，桑塔格从以色列回到了纽约，她和伊丽莎白・哈德威克及其他人共进晚餐。她又去了伦敦、米兰和巴黎。她依然和妮可会面，经常待在位于市郊的哈罗蒙特，妮可在那里拥有一处住所。当然，她也经常待在自己的寓所。1974 年，妮可一般在星期六上午 11 点外出“寻猎”[52]，一直要到午夜过后才能回来。桑塔格早已熟悉的孤独感如潮水般涌了回来。她发觉自己没有办法离开雉园路，没有办法独自在巴黎行走。桑塔格经常和妮可去威尼斯，下榻于格里蒂酒店。但是她没有安全感，这可不是什么好兆头。

1975 年初，她的另外一篇文章《摄人心魄的法西斯主义》（*Fascinating Fascism*）出现在《纽约书评》上。这篇文章结合她拍摄电影的经验讨论了莱妮・里芬斯塔尔（Leni Riefenstahl）的电影。3 月，桑塔格在罗马再次见到卡洛塔。之后，她回到了巴黎，整个夏天都待在雉园路的住所。她马不停蹄地工作着，其中包括创作她的第 3 部小说——她对好几位前来采访的人都是这么说的。7 月，她在日记中记下了正在构思的一篇文章的笔记，打算讨论速度和速率。[53] 那年秋天，大卫・里夫建议桑塔格去做身体检查。检查结果显示她患有乳腺癌，而且病情已经发展到了非常严重的四期。医生对 42 岁的桑塔格说康复的希望非常渺茫，她的生命可能就只剩下两年的时间。

注释:

1. Susan Sontag, *Against Interpretation* (London, 2001), p. 11.
2. Susan Sontag, *As Consciousness is Harnessed to Flesh: Diaries, 1964-1980*, ed. David Rieff (London, 2012), p. 254.
3. Susan Sontag, 'The Aesthetics of Silence', 选自 *Styles of Radical Will* (London, 2009), p. 29.
4. Leland Poague, ed., *Conversations with Susan Sontag* (Jackson, MS, 1995), p. 25.
5. Susan Sontag, *Duet for Cannibals: A Screenplay* (London, 1974), p. 62.
6. Ibid., p. 28.
7. Ibid., p. 65.
8. Ibid., p. 105.
9. *As Consciousness*, p. 363.
10. Poague, ed., *Conversations*, p. 26.
11. *As Consciousness*, p. 371.
12. Susan Sontag. 'Trip to Hanoi', 选自 *Styles of Radical Will*, p. 223.
13. *Duet for Cannibals*, p. 20.
14. Susan Sontag, *Reborn: Early Diaries, 1947-1963*, ed. David Rieff (London, 2009), p. 71
15. *Duet for Cannibals*, p. 79.
16. 关于 1968 年在墨西哥城演讲的详细描述，参阅 Carl Rollyson 的 *Susan Sontag: The Making of an Icon* (New York, 2000), p. 129.
17. *As Consciousness*, pp. 262（“激情”），277（“自杀”），267（“英勇行为”）。
18. Sigrid Nunez, *Sempre Susan* (New York, 2011), p. 54.
19. *As Consciousness*, p. 268.
20. Nunez, *Sempre Susan*, p. 13.
21. Ibid., p. 10.
22. *As Consciousness*, p. 262.
23. 'Book Published, Author Walks to Watery Grave', 出自 *Kingsport Times* (1969 年 11 月 9 日), p. 5.
24. 大卫·里夫在 *As Consciousness*（p. 108）中提到这一点。
25. Susan Sontag, 'Debriefing', 出自 *I, Etcetera* (London, 2001), pp. 51, 52.
26. *As Consciousness*, p. 299.
27. Susan Sontag, *Brother Carl: A Filmscript* (New York, 1974), p.viii.
28. Ibid., p. xv.

29. *As Consciousness*, p. 306.

30. *Brother Carl*, p. xiv.

31. 尼任斯基（1889—1950），俄国芭蕾演员和编导；佳吉列夫（1872—1929），俄国艺术活动家。（译者注）

32. Ibid., p. 41.

33. Susan Sontag, 'Approaching Artaud', 出自 *Under the Sign of Saturn* (London, 2009), p. 35.

34. *As Consciousness*, p. 336.

35. 'Debriefing', p. 51.

36. *As Consciousness*, pp. 306, 318.

37. *Brother Carl*, p. xvi.

38. *As Consciousness*, p. 351.

39. Poague, ed., *Conversations*, p. 175.

40. Susan Sontag, 'On Paul Goodman', 出自 *Under the Sign of Saturn*, p. 3.

41. Alice Kaplan, *Dreaming in French: The Paris Years of Jacqueline Bouvier Kennedy, Susan Sontag and Angela Davis* (Chicago, 2012), p. 255.

42. *As Consciousness*, p. 314.

43. *L'Invitée* 电影剧本参见利福尼亚大学洛杉矶分校桑塔格文献汇编。查阅洛杉矶UCLA 图书馆，Charles E. Young Research 分馆，270 号资料柜，1—7 号文件夹。

44. Susan Sontag, 'Approaching Artaud', 出自 *Under the Sign of Saturn*, p. 17.

45. *As Consciousness*, p. 360.

46. *As Consciousness*, pp. 27（"很狭窄的一道门"），361.

47. Ibid., p. 331.

48. Susan Sontag, 'Susan Sontag Tells How it Feels to Make a Movie', *Vogue*（1974 年 7 月）, pp. 84, 118-119.

49. Ibid.

50. Ibid.

51. *As Consciousness*, p. 384.

52. Ibid., p. 385.

53. Ibid., p. 389.

VI

疾患的王国（1975—1988）

诊断的结果给桑塔格写作生活中早就出现的危机蒙上了更为沉重的阴影。新出现的情况刻不容缓，她马上得接受手术治疗。一开始，桑塔格想着自己能挺过来。没人告诉她，因此她可能不知道医生们认为她在劫难逃。10 月，她被送进了位于纽约市的斯隆—凯特林癌症治疗中心接受治疗。医生们找机会和大卫单独交流，并告诉他一个糟糕的消息：他的母亲幸存的概率非常渺茫。“记得我当时在医院乳腺癌治疗中心的走廊里来回踱步，不知道应该对母亲说什么和不说什么，”大卫如此写道，“告诉她实情太残忍，但是不告诉她意味着背叛。最后，我什么都没做。”[1]9 月，大卫刚满 23 周岁。

苏珊选择了最极端的癌症治疗方法：霍尔斯特德疗法。这是一种激进的乳房切除手术疗法。手术过程非常残酷，医生对她的身体进行了大面积的切除，不仅摘除了她的乳房，而且连同胸部的肌肉和腋下的淋巴结也一同切除了。随后她又接受了长达两年半的化疗。苏珊冷不丁地闯入了她所称的“疾患的王国”。她心里清楚，一旦进入这里，能预见的未来已经成为泡影——要么面临死亡，要么在漫长的等待中艰难地恢复，以适应新的、“残废的”自我。[2]在手术后的好几个月里，她依靠止痛药物坚持着，大卫也不能问她觉得自己能否挺过来。

桑塔格在日记中写道，她感觉“自己模模糊糊”，在生死之间徘徊。“人们说病情加重了，”她写道，“我没有加重的感觉，只觉得我变得消沉了。”她处于一种“恐慌外溢”的状态。躺在纽约医院里的病床上，她不仅要忍受剧烈的疼痛，还要忍受突然产生的焦虑和恐惧。手术治疗令她一时之间有点儿回不过神来，她闯入了可怕的、噩梦般的病患的腹地。“梦的尽头刀剑林立，我长时间地昏睡（或者无法入睡）……我病了，也许病得无药可治。”“癌症 = 死亡”，她在日记中反反复复地写下这几个字。医院病房里的护士一边润湿她的嘴唇一边说：“谁也逃不了一死，这只是时间的问题。”然而据大卫说，苏珊“并不想在她 42 岁的时候就离开人世。问题就这么简单”。[3]

回到位于滨河大道的家里，苏珊不愿再和大卫谈论幸存的概率有多大。在接下来的两年半的时间里，她必须定期回到医院接受化疗。她竭尽所能地搜寻每一丝潜在的希望，首先要寻找的是最新的、更加有效的治疗方法。通过妮可·斯特凡的帮助，苏珊听说在巴黎有一位名叫卢西恩·伊思莱尔（Lucien Israël）的肿瘤专家，精通免疫疗法及化学疗法。他提出了一个纯粹实验性的治疗方案。通过一番劝说，该方案在斯隆—凯特林医院得以实施。“一周两次，”桑塔格在日记中写道，

我返回（或者把自己拖回）医院，把自己麻木的身体交给格林（Green）医生或者布莱克（Black）医生。这样，他们就可以告诉我我到底怎么样了。这名医生或推或拉或戳，他对自己的“手工作品”——我身体上巨大的伤疤——赞不绝口。那名医生又将药物注入我的身体，目的当然不是为了干掉我，而是为了干掉疾病……我感觉自己就像在越南战争中……他们对我使用了化学武器。[4]

治疗是一场惩罚。就外表而言苏珊迅速衰老，暮年提前来临，

似乎她的人生又一次颠倒了。医生告诉她，她可能会失去满头秀发。不过这并未发生，但头发还是掉了一些。重新长出的头发变成了灰色或者白色，她就把头发染成黑色，但很快又变成了银灰色。渐渐地，情况变得明朗，苏珊从手术中奇迹般地挺了过来。体力逐渐地恢复，她看上去也年轻了许多。对西格丽德·努涅兹来说这种变化真是不可思议。她在 1976 年的春天第一次见到了桑塔格，当时手术刚刚做完。过了不久，努涅兹就和大卫恋爱了，并搬进了“340 号”，和这对母子一起生活。“和后来我熟悉的苏珊相比，第一次见面的时候她看上去苍老多了。随着身体的康复，她看上去越来越年轻。”[5] 努涅兹并未意识到，苏珊的身体状况仍然非常危险。苏珊并不和她谈论自己的病情。她很焦虑，从她设法戒烟的举措中就能看得出来。可是戒烟未能坚持多久，对于苏珊来说，写作和吸烟这二者难解难分。

手术后的前几个月里桑塔格无法工作，手术治疗已经让她精疲力竭。这是她人生中最需要陪伴和关心的时候。朋友们打来电话询问她的病情。她说个不停，一说就是几个小时。努涅兹回忆说，那时候整天都有电话打来。随着健康状况慢慢地恢复，她也重新拾起了工作。1976 年的春天和夏天，她着手给《纽约书评》撰写有关摄影的最后两篇文章。她意识到她对生活的态度发生了根本的改变。她需要花很大的气力才能投入到工作中去，但是这并没有妨碍到她。糟糕的是原先她对生活毫不怀疑的信心被摧毁了。后来桑塔格反思说：“你永远无法找回那种与生活原有的关系。”[6] 她认为自己是——而且在“疾患的王国”走了一遭之后一直认为自己是——“死里逃生”。她觉得自己“彻彻底底地变了”。“历经了直面死神的恐怖后，你不会和原来一样。”[7] 然而，这次人生经历也有积极的一面：逃过一劫，她感到无比欣喜；如此巨大的磨难也提升了她的生命意识。也许正是这一点促使她在接下来的几年里爆发出巨大的创造力。她写出了几部经久不衰的作品——《论摄影》、《疾病的隐喻》及《在土星的星象下》——作品一部接着一部快速出版。

随着身体的康复，桑塔格对自己患病经历的讲述彻底地进行了重构。她凸显了鼓舞人心、战胜命运的人生时刻，以及寻找最好治疗方案的生命本能，同时弱化了日记中透露出来的迷茫感受。对患病经历的重构也涉及她对癌症的正确认识。最初，她把罹患癌症归罪于自身。按照俗套的认识，她患病的根源在于对生活缺乏激情。桑塔格写道："我生活得像个懦夫，压抑我的欲望、我的愤怒。"[8]与其他的癌症患者交流的时候，她能感觉到他们因为得病而感到羞愧和背负的污名。她还构思了一篇有关肺结核和癌症的文章，指出人们感知和讨论疾病的方式影响着他们患病的经验。她给这篇文章拟定了两个标题："疾病话语"和"疾病的隐喻"。但是在动笔写这篇文章之前，桑塔格告诫自己要首先完成《论摄影》的写作。[9]

在康复的过程中，桑塔格告诉努涅兹她想要"两样东西：我想要工作，我想要快乐"。[10]结识约瑟夫·布罗茨基让处于康复期的桑塔格大受鼓舞，这正是她非常需要的。1976 年 1 月，他们共同的出版商把布罗茨基引荐给了桑塔格。布罗茨基从苏联流亡至美国之前早已声名远播。在遇见他之前，桑塔格从一本纽约的杂志上曾经剪下来过一篇针对他的审判摘录。他们在一家餐馆见了面，并且一起吃了午饭。第二天，他们又见面了。[11]布罗茨基认定自己这一生要做诗人，他相信这是一份崇高的事业。那年他 36 岁，身体状况也不佳，在苏联的北部地区曾经服刑一年半——全部刑期是 5 年，罪名是"社会的寄生虫"。他烟瘾很重，患有心脏病，掉了许多颗牙，头发也在脱落。"可是，对苏珊来说，他是一个非常有情趣的人。"努涅兹如此写道。苏珊和约瑟夫开始了他们的恋情，但是最终事实证明这是一场没有延续多久的恋爱。这让苏珊很痛苦，尽管他们之间真诚的友谊得以继续。西格丽德、大卫、苏珊和约瑟夫这个古怪的四人组经常开着大卫的车出现在曼哈顿，他们“四个人嘴里都叼着烟，车内烟雾缭绕”。[12]通过约瑟夫，苏珊对诗歌和俄罗斯文学产生了新的兴趣。妮可已经向苏珊打开了法国电影界的大门，这次，约瑟夫又引领她进入了东欧文学的殿堂。在以后的几十年里，她的许多评论文章都延续了对于这个领域的兴趣。约瑟夫的经历拓宽了她的眼界。

那个夏天她和妮可在巴黎一起度过，她继续按照伊思莱尔博士的方案接受治疗。可是，她的身体还是没有完全恢复到令她舒适的状态。正如大卫所言，苏珊从来没有彻底地从乳房摘除手术“对她的性取向造成的伤害”中恢复过来。[13]那年夏天，她和妮可在巴黎发生了激烈的争执；秋天的时候，她回到了纽约。医院的一次

1972年的约瑟夫·布罗茨基。

检查显示她的身体还存在另外一项需要手术治疗的健康威胁。妮可到纽约来看望她，待了几周的时间。妮可离开后卡洛塔也来了。一位是曾经的恋人，一位是很快就要分手的恋人，她们的关爱令她既感动又郁闷。直到次年夏天，她和妮可之间的关系终于破裂。在接到她在日记中所称的“来自妮可的最后一次电话”后，苏珊进入了早已习惯的写日记的模式：反思、伤感、劝诫和危机处理。她痛苦地写道：“就让我承受这伤害吧。”她在说服自己，这几年里她和妮可是在浪费时间。“我早就知道会这样。”[14]对西格丽德来说，苏珊和妮可之间关系的破裂意味着苏珊变得令人难以忍受地依赖于他人。深陷孤独，遭受着术后综合征的折磨，她心怀恐惧，特别渴望别人的陪伴，而且贪得无厌。“她只是受不了一个人待着。”[15]到了夏天，苏珊、大卫和西格丽德到加利福尼亚去游览。随后，大卫和苏珊去了夏威夷。从20世纪70年代早期开始，米尔德里德和内森·桑塔格就一直住在夏威夷。西格丽德渐渐发现她受不了和桑塔格在一起。不久，她就从“340号”搬了出去。

1977年年底，《论摄影》最终以专著的形式出版，而且一举成功。当时，桑塔格着手思考有关阿勃斯的摄影展的时候，她就意识到摄影还是一个相对全新的主题，尽管她认为自己是沿着沃尔特·本杰明（Walter Benjamin）在他的摄影文章中开辟的道路前行的。这也是一个无限有趣的话题，它与现代性的所有方面都能衔接起来。《论摄影》中紧密关联的6篇文章是桑塔格在原有的文章的基础之上精雕细刻的结果，作品甚至具有音乐之美。6篇文章处处有新颖的格言美句，各章主题彼此呼应。这是桑塔格出版的所有批评文集中结构最为紧凑、讨论浑然一体、论述铿锵有力的一本专著。

因为书中的文章是桑塔格在生病期间写作的，所以《论摄影》

透着她对康复的忧虑，这使得这部作品具有了新的深度和分量。作品中格言式的语句简直就是至理名言，可以单独拿来使用，好似一年之后桑塔格写的文章中对沃尔特·本杰明的评述：感觉“每句话都是起首的话；或者说每句话都是结尾的话”。[16]就其本质而言，这种写作本身具有摄影的、超现实主义的风格，似乎每句话都诱惑我们将其剥离具体语境。与本杰明一样，“在这种凝练和雄辩的文风背后似乎有种隐忧：担心中途受阻而无法完成写作”。[17]在写作《论摄影》的过程中，桑塔格心里明白，她的病情随时有可能恶化。这样一来她的作品也就半途而废。她的生命可能会戛然而止，这使得她讨论的摄影中有关忧郁、死亡和时间的主题成为自然而然的流露。

这些文章间接地讨论了摄影的整个历史。这给了她机会，她比先前任何时候都更加深入地回到了过去，尤其是19世纪。这也是她第一次详尽地探讨收藏的主题。作品以各种不同的方式将诸多格言式的表述融入绵延不绝的论述片段中，营造出一种感觉：桑塔格好像是一位演说家、摄影收藏家和影像爱好者。这些文章的张力源自于摄影对桑塔格产生的深深的吸引，以及由此产生的道义上的不安。有趣的张力还存在于媒介的选择以及这本讨论照片的书籍根本不带插图，似乎这是一条严防死守的戒律，即使是在详尽地讨论具体照片的时候。文章中经常提及主体的凝视，即特定的摄影师的美学规范，可是我们什么也没看到。

《论摄影》首先通过讨论黛安·阿勃斯引入主题，这解释了为什么这部作品充斥着反对摄影的论调：它的冒犯性、它的残酷无情、它对涉及的问题所做的美学和伦理学的阐释。阿勃斯将摄影和僭越（transgression）联系了起来——“我向来认为，摄影是一件不守规矩的事情——这是我喜欢摄影的一个方面。”她写道——而且无一例外，她被奇异、怪诞及丑陋所吸引。[18]桑塔格对摄影的特性，以及摄影对艺术和现实的扭曲和改造保持着清醒的认识。桑塔格写作的立足点是影像的消费者，而不是影像的制作者或者被拍摄的对象，尽管到现在为止，她已经拍摄过电影，也在许多著名的照片中现身。从影像消费这个核心角度出发，桑塔格得以拓展她的讨论空间。她从对摄影的探讨延展到对美国后现代性的病理诊断，在条分缕析中，后现代性的种种矛盾暴露无遗，诊断的结果很难令人欢欣鼓舞。桑塔格认为《论摄影》是一篇“加长版的政论性文章，讨论的远远不只是艺术。它是在宽广的层面对消费世界的探究，有关我们的人生体验以及消费主义对我们的世界带来的威胁和扭曲”。[19]

《论摄影》几乎讨论了桑塔格以前作品中所有的主题：艺术的功能在于告诉我们要看什么以及如何去看，摄影在这一方面的拓展令人眼花缭乱；摄影将引证和碎片的美学发挥到了极致；美学与道德之间的冲突，尤其是在表现苦难和恐怖的影像中；生活中贪婪的掠食行径。《论摄影》再次探究和重新定义了桑塔格早期作品中讨论过的美国特色的超现实主义。桑塔格写道，绘画中的超现实主义萎缩成“仅仅剩下梦的世界”；而在小说和摄影艺术中，超现实主义却得到了发扬光大。“凭借超现实主义的敏感进行工作的摄影师们向我们指出，即使只是理解世界的企图也是虚妄；相反，我们应该将世界收藏。”[20]可是，桑塔格倾向于定义一种全新的意识，一种全新的存在。

我们的大脑越来越像约瑟夫·康奈尔的魔盒，里面装满了极不协调的小物件，而这些物件却是来自康奈尔从未去过的法国。或者说，我们的大脑就像康奈尔以同样的超现实主义的方式囤积起来的

> 一大堆老旧的电影剧照……如同电影剧照和电影之间的关系，照片的世界基本上没能准确地反映真实的世界。生活不是重要的细节在瞬间被照亮，然后定影成为永恒。而照片却是这样。[21]

书中有一段少有的插话，提到了桑塔格第一次遭遇恐怖影像时的情景。1945 年 7 月，在圣莫尼卡的一家书店里，她看到了贝尔根—贝尔森和达豪集中营的照片，那时她才 12 岁。“在我所见之物中从来没有什么东西——不论是在照片中还是在现实生活中——能够在一瞬间如此尖锐而深刻地刺痛我。”[22] 毫无疑问，这种影像带给她的“刺痛”感传达出了罗兰·巴特在他的摄影专著《明室：摄影纵横谈》（*Camera Lucida*）中对信息点（studium）和刺痛点（punctum）的区分。巴特的这本著作比桑塔格的专著晚了几年，于 1980 年出版。在《论摄影》快要结尾的部分，桑塔格比较详细地谈到了中国。她将 1973 年访问中国时搜集但未曾使用过的素材也囊括了进来。她对较之于西方相对有限的中国式观看持保留态度，也没有提出任何具有启发性的观点，这就带上了一点藏而不露的自传体的韵味——童年时期她对中国的迷恋是最纯洁的一段神话。许多年后，这也算是了却了她的一桩心愿。

完成了《论摄影》的写作之后，桑塔格就开始创作《疾病的隐喻》。前者的创作进度很慢，而在她写作后者时进展却很快，这也许是因为她成竹在胸。自从诊断出癌症以后，她亲身经历了所有这一切。桑塔格宣称，她只用了一个半月就完成了《疾病的隐喻》的写作，真是令人称奇。[23] 当然，这本书的篇幅不长，实际上，与《河内之行》一样，这是一篇加长版的文章，篇幅长短近似于短篇小说。同样地，在写作的时候她有一种紧迫感，担心在有生之年无法完成这本书。而且，她的心里还装着其他的癌症患者，她急着要给他们写点非常实用的东西。她说，《疾病的隐喻》是在“她盛怒难抑，被恐惧、痛苦、恐怖和愤慨包围的情况下写出来的作品——当时，我病得非常严重，医生的预测不容乐观”。[24]她在患癌期间产生的诸如羞愧和厌弃等情感在她写书的过程中得以探讨，并在一定意义上被美化。桑塔格最初被诊断出癌症的时候，一个挥之不去的念头就是自己活该得这种病。在寻找新的治疗方案的过程中，对医学知识的追寻为她揭开了笼罩着癌症的单因素论的神秘面纱，也暴露了社会附加在这种疾病上面的各种关联意义及隐喻。她相信自己能够幸存下来，其中思想上的去魅化起了非常大的作用。

桑塔格认为《疾病的隐喻》的写作与《反对阐释》的写作相似[25]，是纠正谬误、去伪存真的过程。19 世纪时，人们认为肺结核与极度敏感、激情甚至创造性相关联。而在现代社会，癌症被认为是由情感压抑或者性的压抑而造成的疾病，表征了“表达的失败”；它是“不能公开的疾病，它违反了道义，是身体对自己的背叛”。[26]苏珊也感受到，围绕着癌症的语言经常粗暴地采用军事化的比喻。在此，苏珊为她在《美国怎么了》（*What's Happening in America*）中的措辞而致歉，因为她说“白种人是人类历史的癌瘤”，这种说法根本没有考虑真正的癌症患者的感受。[27]当然，对于一名批评家来说，要做到彻底地“反对阐释”是很艰难的；同样地，若是不借助于任何比喻，那就很难对疾病进行思考。桑塔格在《疾病的隐喻》的开篇就使用了“疾患的王国”和疾病“是人生的暗夜”这样的意象：这样“一通简洁而明快的比喻”是为了展示这种思维方式对人们的诱惑。[28]疾病的暗夜这个意象也让人们想起桑塔格早期的作品中深受弗洛伊德影响的超现实主义手法，以及这些作品对睡眠、死亡和梦境的探查。

《疾病的隐喻》是一部深受个人因素影响的著作。如果桑塔格没有罹患癌症，也就不可能写出这部作品。然而，桑塔格在这本书中刻意回避了对自己的患病经历进行自传般的描述。正如她所言：

我认为这样做没有用处——尽管我想让其有用处——以第一人称的方式再讲一个故事，讲述某人得悉他（或她）患了癌症后哭泣，抗争，得到他人的安慰，历经痛苦，然后鼓足了勇气……尽管我也经历了这一切。在我看来，讲个故事不如提出一种理念管用。至于讲故事的乐趣，我还是请其他的作家来享受吧。[29]

这篇有关疾病的长篇大论最接近许多年前她和前夫共同写作的《弗洛伊德：道德家的思想》。她重访了这本书中所开拓的医学及文化疆域。不过，这次她以更大的热情和能力进行创作。她采用的文化病理诊断方式剔除了她的患病历程中的诸多细节：从她感受到的恐怖、自责以及无所适从，到有效的治疗，再到对自己所患疾病的全新理解。《疾病的隐喻》是理性的胜利，它对过去和现在人们对有关疾病的过度想象提出了批评。然而，这种胜利来自于桑塔格的刻意改写——她改写了实实在在发生在她身上的情况，以及她幸存下来的好运。在她的讨论中，机遇和命运的成分被抽除掉，即使是最终找到的试验性的治疗方法也未必一定能挽救她的生命。当然，我们可以理解她的这种做法，因为这不是她想要讨论的问题。何况在写这本书的时候，她依然在接受这种方法的治疗，并且这种方法的功效一部分来自于桑塔格的自我说服，她通过自我说服实现了自我治愈。

《疾病的隐喻》追溯了过往的历史，在这一点上它比《论摄影》

走得更远。桑塔格回顾了 18 和 19 世纪作家们对肺结核病的艺术呈现，其中涉及拜伦（Byron）、济慈（Keats）、龚古尔（Goncourt）兄弟、蒂奥菲尔·戈蒂埃（Théophile Gautier）、奥利弗·史密斯（Oliver Goldsmith）、司汤达（Stendhal）、亨利·詹姆斯和罗伯特·路易斯·史蒂文森。与写作《论摄影》的情况一样，桑塔格大部分的研究都是从记忆里读过的书籍中搜寻素材。《疾病的隐喻》的参考文献非常广泛，一直追溯到对疾病和忧郁开始思考的历史源头。在写作的过程中桑塔格发现，较之于肺结核，对癌症进行描述的文献并不多。因此，她要多费点气力。当然，她参阅了托尔斯泰的《伊凡·伊里奇之死》（*The Death of Ivan Ilyich*）、伯纳诺斯（Bernanos）的《乡村牧师日记》（*Diary of a Country Priest*）、托马斯·沃尔夫的《时间与河流》（*Of Time and the River*）、伯格曼的电影《哭泣与低语》（*Cries and Whispers*），她甚至谈到了科幻小说《天外魔花》（*Invasion of the Body Snatchers*）、《奇特缩形者》（*The Incredible Shrinking Man*）、《幽浮魔点》（*The Blob and The Thing*）中的场景。[30] 在分析有关癌症的医学话语的同时，桑塔格对癌症隐喻的讨论围绕更为普遍使用的政治语言和修辞展开。他以嘲讽的口吻解释了这种语言中先入为主的假设：癌细胞被描述为“极具侵略性”，它们“展开殖民”，摧毁身体的“防线”，同时，治疗过程也呈现出军事行动的意味——患者在接受放射疗法治疗的时候，他们遭遇有毒射线的“猛烈攻击”。[31]

尽管讨论的是人们对具体疾病的态度，和《论摄影》一样，《疾病的隐喻》指向更为广阔的主题：催生了这些隐喻的文化层面的焦虑、恐惧和缺陷。处于讨论最底层的主题是这种文化对死亡的否定：“对于既无法从宗教信仰中得到死亡的慰藉，又不相信生死自然（或其他观念）的人来说，死亡既神秘又可怕。它是逃不脱的羞辱，它超出了人们的掌控范围。而唯一能做的就是否定死亡。”[32]和《死亡之匣》一样，《疾病的隐喻》是唱给有限生命的另一首颂歌。只不过这一次她是在死神的逼视下进行写作的。和许多桑塔格最引人注目的观点陈述一样，这本书也是她以暗藏的个人的视角进行写作的——她提到了父亲去世后她自己对死亡的否认。不过，这部论文集讲求现实的风格与它对死亡的否认并不抵触，即使死亡近在眼前。只不过，桑塔格如果没能幸免于难，那么这本书读起来会是另外一个样子：书中暗流涌动的不是胜利而是悲怆。幸运的是她逃过了一劫，她的确奇迹般地幸存了下来，铁了心要抓住生命永不放手。

1977 年底，《疾病的隐喻》的写作已经接近尾声。苏珊和约瑟夫·布罗茨基一起前往威尼斯参加在那里举办的国际艺术双年展，这次的主题是“异见”（dissent）。她于 12 月初抵达威尼斯，那天天气晴朗。在飞机场她遇见了阿尔贝托·莫拉维亚（Alberto Moravia）。她发现威尼斯比以往任何时候都美。约瑟夫在雅典娜剧院举办了一场夜读会，这令苏珊沉醉其中。在威尼斯，苏珊还见到了匈牙利作家吉尔吉·康拉德（György Konrád）。苏珊在想，他和雅格布·陶布斯看上去出奇地相像。和他共进早餐的时候苏珊了解到，1969 年 8 月，苏珊·陶布斯和康拉德在布达佩斯有过一段恋情。日记显示，受这次艺术展的启发，苏珊的思想在接受审查和作家的创作自由之间摇摆不定；同时，她也写下了热情洋溢的旅行见闻。她忘情于这座城市的雪雾美景。夜晚，穿行于威尼斯的大街小巷令她心醉神迷，“美极了，就像泡在纯氧中”。供汽艇停靠的木桥在水中吱嘎作响，海鸟“咕咕”地叫着，教堂在夜幕下影影绰绰，这一切都让她欣喜不已。[33]

桑塔格回到了纽约，“340 号”的租期已到。春天来了，苏珊和大卫又得找另外的住所。她们搬到了位于东 17 街的一处复式住宅。[34]《疾病的隐喻》在《纽约书评》上以连载的形式发表后终于在夏天出版了。也许，疾病对苏珊的困扰有所缓解——根据医生的说法，这一阶段她的病情恢复得“相当乐观”[35]——那年夏天她到处旅行：她去了马德里、威尼斯、巴黎、伦敦，也去德国参加了拜鲁特音乐节（Bayreuth Festival）。手术后她接连出版作品。那年冬天，桑塔格的故事集《我，及其他》（*I, Etcetera*）出版了。

这本故事集如此命名是因为桑塔格认为它是“一系列以第一人称讲述的探险故事”（这也是向阿尔弗雷德·切斯特和他的小说《我，及其他》致意）。它就像一个百宝箱，里面装着品质各异、可以追溯到早在20世纪60年代创作的故事，以及近来写的故事。[36]《旧怨重提》（*Old Complaints Revisited*）讲述了一名满肚子怨气的翻译者对抗庞大的官僚体制的故事，由写作《死亡之匣》之前未能完成的题目为“组织”的科幻小说的创作素材改编而来。《仿品》（*The Dummy*）由哈珀出版社于1963年出版。在这个故事中，一位男士创造了另外一个自己，让他替自己生活。《美国公众的良心》（*American Spirits*）于1965年出现在《党派评论》上。[37]《我，及其他》中创作较晚的《中国旅行计划》、《情况汇报》及《没有向导的旅行》才是这本故事集的压轴之作，都是更加具有自传体色彩的故事。当她饱含深情进行创作的时候，那些试验性的风格往往呈现出最佳的效果。这3个分别基于桑塔格的童年、她和苏珊·陶布斯的友谊以及她终生热爱的旅行的故事创造了一种笔记体式的全新风格：新颖、紧凑、扣人心弦，并且采用多角度转换，故事情感充沛而动人。

1978年12月，在《我，及其他》出版后桑塔格再次去了意大利，沉浸在威尼斯冬天的美景中。她重新阅读了亨利·詹姆斯的《金碗》（*The Golden Bowl*）。她接到邀请，为意大利电视台的城市系列片拍摄一部短片。威尼斯城带给她的所有印象都留存着爱情的印记——她与艾琳、卡洛塔、妮可及约瑟夫的爱情，由此，选什么来拍摄对她而言易如反掌。这部从《我，及其他》中的故事改编而成的电视短片《没有向导的旅行》几年以后才得以拍摄。然而，那年 12 月桑塔格的日记内容呈现出明显的视觉色彩，威尼斯的夏天在她的眼中几乎已经出现在了摄影机的底片上。

她继续前往她熟悉的欧洲各地旅行，毫无倦意。1979 年的春天，她途经加利福尼亚，前往东京进行为期 3 周的讲学。现在，她计划要写一本有关日本的书，结果同有关中国的写作计划一样未能如愿，尽管在以后的几年里她继续访问日本。[38] 同年的夏秋两季，桑塔格在意大利着手导演她的第一出戏剧——路易吉·皮兰德娄的《悉听尊便》（*As You Desire Me*）。桑塔格在皮兰德娄的戏剧中融入了自己的风格，挖掘出它的潜在主题："心理掠食"和摄影。[39] 她发现表演是"体力活"。[40] 她也发现，与电影不同，戏剧最终属于演员而不是导演，只有演员才能保证每次表演都有所不同。上演临近档期尾声的时候，《悉听尊便》已经面目全非，大异其趣。

回到纽约，桑塔格着手创作《在土星的星象下》中的最后几篇文章，同时她在日记中酝酿日后要讨论的话题，其中包括一篇有关格言、碎片和笔记本的文章。她把这也看作自己对批评性写作的挥手告别，关于这一点她不断地在申明。她在构思新的小说和故事，她也不止一次地声明她在写第 3 本小说。1980 年 5 月，她和一帮美国作家参加了一次有组织的波兰之旅，其中包括乔伊斯·卡罗尔·奥茨（Joyce Carol Oates）和约翰·阿什伯里（John Ashbery）。桑塔格也算半个波兰人，所以这次行程也算是回到了故里。她访问了华沙和克拉科夫，并许下诺言，下次她将独自一人重访波兰。

《在土星的星象下》是一部批评集，由写作于20世纪70年代的7篇文章构成。这本书在1980年的秋季出版，献给了约瑟夫·布罗茨基。在这段时期，桑塔格批评的声音更具个人色彩，充满了浓厚的人文关怀而不是理念驱动。她把这部批评集中的文章称为“心理画像”，并且认为它们在文体风格上更贴近于她的小说。[41]和她以前的批评集相比，这本专著更多的是纯粹的文学批评——7篇文章中有5篇讨论了保罗·古德曼、安东宁·阿尔托、沃尔特·本杰明、罗兰·巴尔特和埃利亚斯·卡内蒂（Elias Canetti），讨论的都是作家。这部文集是针对个体艺术家的系列研究，这对桑塔格来说非同寻常。

批评集中刻画的七个艺术家都在不同程度上具有土星倾向的性格。他们的身上弥漫着忧郁不安的气质。讨论阿尔托的文章具有里程碑式的意义，它是7篇文章中最极端，也是对所论人物颇有微词的一篇；有关里芬斯塔尔的文章言辞最为犀利；她撤销了自己在《论风格》——《反对阐释》中的一篇文章——中宣称的观点：里芬斯塔尔和纳粹之间的瓜葛没有否定她对电影艺术高超的驾驭能力（现在，完全相反的是，她认为里芬斯塔尔的《意志的胜利》是“这样一部电影：它本身传达的理念让其拍摄者拥有独立于政治宣传之外的美学理念的可能性化为泡影”[42]）。其中的几篇文章不仅对讨论的作家表达了敬意，同时也讨论了“敬意”这个话题。桑塔格注意到，本杰明、巴尔特和卡内蒂的批评也是对他们自己的评判。类似地，《在土星的星象下》中的7篇满怀敬意的文章也是对已经步入不惑之年的桑塔格的描画，她也是个一生心怀景仰、分享热情、性情犹豫的人。

在她的日记里，桑塔格说，对于这部批评集最好的评论就是写出第8篇文章，以她描述这些作家方式来描述她自己[43]，勾画她的渴望、她的珍藏、她的忧郁，以及由此引发的哀愁和她自己的人生中知性之所不能及。讨论卡内蒂的文章的结尾似乎就是针对她自己，对景仰可以发挥的理想的作用进行了评说。我们可以把它解读为桑塔格自己对批评中存在的缺陷持有的看法，以及她企图在知性上超越自身的尝试；20 世纪 80 年代开始的时候，桑塔格在艺术创作和个人生活中已经不能从容应对。

她对孤独的恐惧反映在她对艺术滋养的需要方面，而她的论文为此提供了丰沛而富有启发意义的通道。就批评来说，她也是个“吸血鬼”，是个“掠食者”。她不断地从新作品中吸取营养，发现令她惊叹的新事物。她意识到自己的这种需求。这就是为什么她不喜欢自己的批评，一直发誓她要放弃。回顾漫长的一生，在她的作品中，她一直在纯洁与沉默、智慧与积累之间摇摆不定。她总是在理念上更看重前者，而在现实中她却自然而然地偏向了后者。自从她在哈佛学习宗教以来，她的作品就一直体现着宗教的奉献精神，这意味着她总是把自己“掠食”而贪求的一面看成堕落。她总想超越自己的贪婪，或者将其转化为其他的东西。正如她在讨论卡内蒂的文章的结尾所说：

严肃的景仰者最后的成就就是立即终止把景仰对象激发的力量转化成作品，立即终止用景仰对象占据由其开辟的空间。因此，富有才华的景仰者会允许自己喘口气，允许自己更为深入地呼吸。但是，要做到这一点就必须超越贪婪，和成就之外的东西进行认同，从而超越对权力的聚敛。[44]

完成《在土星的星象下》的写作之后，桑塔格觉得她已经“将自己由于痴迷而欠下的债务还清了。这真是莫大的解脱”。也许

《露辛达·奇尔兹》（*Lucinda Childs*），佩吉·贾雷尔·卡普兰（Peggy Jarrell Kaplan）拍摄于1984年。

她在想，或者希望从现在开始，她宁愿——或者需要——少写几篇批评文章，以便回到小说的创作上来。当然，20世纪80年代早期，她还在继续写作批评性文章：这是对她内心渴求的回应，永远也不会被彻底禁绝。1981年初，桑塔格已经在埋头创作小说了。这是一本涉及好几位叙述者、“冗长而复杂的小说”。1983年，她又开始写作一本短篇小说，其背景设在20世纪20年代。[45]这似乎是她的最后一本小说创作，作品大概以艾莎道拉·邓肯（Isadora Duncan）为原型，讲述的是一名舞蹈者的故事。[46]

这两本小说都无疾而终。按照她自己的分析，长篇小说未能完成的部分原因在于中途反复被其他事情打断——她所导演的皮兰德娄的戏剧，或者正在写作的批评文章，等她回到小说创作的时候，她已经无法集中思想。[47]至于那本短篇小说，原因也许是她依然从内心反感属于特定时期的小说。但是，在整个20世纪80年代，她对小说创作的追求依然热情不减。她忙于一部小说的手稿，已经取名为“西方的那一半”，讲述的是从波兰和苏联来到美国的移民的故事，其中的一位核心人物以约瑟夫·布罗茨基为原型。[48] 她对这部书稿的修改一直持续到 80 年代末，可惜最终还是放弃了。不过，移民主题在她的最后一部小说《在美国》中再次出现，只不过小说的背景转换到了过去。

和前文提到过的短篇小说一样，这些写作于 20 世纪 80 年代早期的文章也经常谈及舞蹈主题。桑塔格在舞蹈领域的批评兴趣主要集中在露辛达·奇尔兹（Lucinda Childs）一个人身上。苏珊被她深深地吸引，两人关系亲密。奇尔兹出生于 1940 年，比苏珊小 7 岁，她与摩斯·肯宁汉曾经是同学。20 世纪 60 年代，她与实验派贾德森舞蹈剧场联系紧密，到了 70 年代，她成立了自己的舞蹈演出公司。和苏珊一样，奇尔兹在 60 年代也在沃霍尔的《试镜》系列中出镜，极有可能是在同一天沃霍尔拍摄了他的电影《乡村之声》(*Village Voice*)中的舞蹈批评家的故事——《舞动的吉尔·约翰斯顿》（*Jill Johnston Dancing*，1963）。[49]《试镜》中的奇尔兹 20 多岁的年纪，目光坚定，桀骜不驯，充满热情，高度警觉。她在事业方面的突破始于她跟罗伯特·威尔逊（Robert Wilson）和菲利普·格拉斯（Philip Glass）合作出演的歌剧《海滩上的爱因斯坦》（*Einstein on the Beach*）。这部歌剧于 1976 年在法国首演，然后到欧洲各地巡演，最后来到纽约，在大都会歌剧院举办了非常短暂的演出——仅在两个星期天上演。对这出歌剧进行排练和巡演的这一年是奇尔兹关键性的一年。她不断获取经验，并因此倍受鼓舞，于 1979 年出演了她的第一次大规模作品《舞蹈》（*Dance*），格拉斯再次为她的舞蹈配乐，索尔·莱维特（Sol LeWitt）将演出拍成了电影。苏珊观看了《海滩上的爱因斯坦》，并在 1977 年初的日记中写下了简短的评论。作为大都会歌剧院多年的常客，苏珊并不赞成约瑟夫·布罗茨基对待舞蹈不屑一顾的态度。[50]

奇尔兹第三部大规模的舞蹈作品是《可得之光》（*Available Light*），于1983年在瓦隆堡舞蹈节上首次亮相，苏珊就在开幕现场。当时，苏珊正在写一篇有关奇尔兹的文章《〈可得之光〉中的舞蹈语汇》（*A Lexicon for Available Light*）。她以戏谑的方式追溯了奇尔兹的美学发展历程，从最初的反叛传统到后来几乎可以称其为新古典风格的后现代主义（桑塔格总是反对使用这个字眼）或极简主义：具有古典的优雅、对称和纯粹之美的艺术。对于桑塔格来说，有关舞蹈的写作是她对《沉默美学》和《卡尔兄弟》中早就探究过的学术兴趣的进一步发展：在舞蹈中，桑塔格发现了某种能够净化心灵却又无法捕捉的，甚至纯粹精神性的东西，这彻底改变了她的美学轴心。

1982年，她终于可以为意大利电视台拍摄她的威尼斯电影《没有向导的旅行》了。露辛达·奇尔兹出演其中的女主角，一同出演的还有一名意大利男演员克劳迪奥·卡西内利（Claudio Cassinelli）。10月，桑塔格和奇尔兹在威尼斯进行电影拍摄，然后，她们在罗马花了3个月的时间对电影进行剪辑。《没有向导的旅行》又名“威尼斯来信”（*Letter from Venice*），是一对情人之间残缺的对话。两人情绪低落，他们的关系处于崩溃的边缘，其间夹杂着桑塔格自己的情感经历。她认为这是她拍得最好的电影。这么多年来，她一直造访威尼斯，暗暗琢磨这座城市的忧郁气质。这一切和她的记忆交织在一起，渗透并且表达了电影的主题。在日记中，桑塔格将她和不同的恋人造访威尼斯的所有行程一一列举。[51]威尼斯总是处在她多姿多彩的浪漫想象的中心，代表着她的过去。

一方面，桑塔格的作品在某种程度上变得越来越抽象化和诗意化；另一方面，其作品依然保留了根深蒂固的政治和公共批判的锋芒。早在 1982 年，桑塔格在纽约就卷入了一场激烈的政治事件：她在市政大厅支持波兰团结工会的集会上做了演讲。随后，美国的媒体上叫骂声一片。[52] 其实，事前桑塔格就对作家埃德蒙·怀特（Edmund White）说，这次演讲不会有什么好结果。[53]

20 世纪 80 年代早期，桑塔格在写一篇有关西方知识分子的篇幅很长的文章（最终放弃），标题是"革命之前"，讨论从 1936 年安德烈·纪德访问俄国开始。[54] 她在这篇文章上花费了一年半的时间，写了几百页的文稿，最后不了了之。[55] 她还花了半年多的时间给《纽约书评》写文章，标题是"萨特的隐退"（Sartre's Abdication），给萨特画了一张"自我反省的肖像"。同样，这篇文章也无果而终。[56] 现在，即使是批评文章的写作也不再手到擒来，不过她没有放弃，继续写出了非常有趣的关于巴兰钦、普鲁斯特、女演员维鲁什卡的文章。[57] 随着年龄的增长，批评性文章的写作越来越艰难，部分原因在于这些文章的自传因素对她提出的挑战，可是这方面又是她想加以强调的。她想使用第一人称把自己直接写进文章中去，这样做就背离了她最初的写作风格，要做出调整谈何容易。

大概在这一时期，她的出版商为她出版了一本作品集《苏珊·桑塔格读本》（*A Susan Sontag Reader*），这强化了她自从罹患癌症以来劫后重生的感觉。她给舞蹈家皮娜·鲍什（Pina Bausch）拍摄了一部电视纪录片，随后在哈佛导演了根据米兰·昆德拉（Milan Kundera）的《狄德罗》（*Diderot*）改编的舞台剧《雅克和他的主人》（*Jacques and His Master*）。她越来越多地参与到国际笔会的事务中去，并于 1987 年成为笔会主席。她捍卫了许多国际文学和政治事业，尤其是在"追杀令"（fatwa）发出之后她对萨尔曼·拉什迪的支持，所有这一切都是后来所称"她的'女童子军'式的、对‘有价值的’事情的迷恋”的一部分。[58]随着年纪的增长，任何类型的公共事务都能激发起她的斗志。无论斗争有多么残酷，桑塔格从骨子里喜欢这种高调的口诛笔伐。面对公众的非议，她的心理承受能力被磨砺得非常强大。

但进入50多岁后，桑塔格发现她的忧郁情绪和孤独感越来越强烈，她也觉得浑身无力，很难集中注意力。西格丽德·努涅兹和大卫在几年前就分手了，但是，她经常能看到苏珊。对于这一段时期，努涅兹写道，苏珊“慢性发作的恼怒和不满越来越严重。桑塔格自己发现，刚起床不久，她就又爬回到了床上”。人到中年的苏珊去看心理医生，医生说她得了抑郁症。“现在，我见到她的时候，她总在抱怨自己感到孤独，她觉得自己不被待见、被人抛弃了。有时候，她竟然会哭泣。”努涅兹如此写道。[59]

桑塔格这一时期的部分作品是对自身的反省，带着自传的色彩，透露出内心的孤独。在发表于1968年《纽约客》上的《书信事件》中，苏珊明显地把她和菲利普之间的一些婚姻片段融进了这篇故事。她写道，在离婚后那一年的大部分时间里，她醒过来的时候脸上总是带着笑容。然而，她再也没有机会享有如此亲密的关系。她心怀感伤地写道，婚姻存续期间他们总是说个不停，甚至跟着彼此走进浴室。“从那以后，再也没有哪个人让她心里感到如此踏实。”几十年后桑塔格写道：

感到如此踏实很不正常。我不愿，也不能重读他写的信件。但是我需要时常想起那些信件。它们就在那里，就在那个鞋盒子里，在衣橱的底层。它们是我生活的一部分，而那部分生活已经永远地消逝了。[60]

桑塔格，索菲·巴苏尔（Sophie Bassouls）拍摄于1983年。

她把这种对亲密关系的需求转移到了大卫身上。努涅兹写道，有一次，心理治疗师问苏珊："你为什么要把你的儿子当成自己的父亲呢？"苏珊先是大吃一惊，"然后她回过神来"，向努涅兹承认"她是在那么做。我们俩人禁不住哭了起来"。[61]

由于艾滋病及艾滋病毒的缘故，桑塔格的许多朋友相继离世。20 世纪 70 年代在纽约发生的同性恋群体的解放运动到了 80 年代却变成了疾患和哀痛，人们一个接一个地感染上了艾滋病。桑塔格的旧识、朋友的朋友，以及她最亲近的朋友中开始有人染病，然后死去。染病的圈子不断扩大。1986 年的一天，桑塔格接到一个电话，对方告诉她乔·柴金得了艾滋病。挂上电话后她泪流满面，接着又睡不着觉，于是她去洗澡。《我们现在的生活方式》（*The Way We Live Now*）的开头在她的脑海里清晰了起来。"我从浴缸中出来，开始站着写作，"桑塔格说道，"我写得非常快，借鉴了自己罹患癌症的经历和一位中风的朋友的真实经历。"[62] 中风的朋友是约瑟夫·布罗茨基。自从他们相识，他就一直出入医院治疗心脏病。桑塔格几乎每天都去医院探望柴金。随着病情的加重，他最终连话也说不成了。不久，包括保罗·泰克在内的其他一些朋友也染上了艾滋病。她也经常去看望泰克。1988 年 8 月，保罗·泰克离开了人世。病痛再次成为苏珊生活的中心。

《我们现在的生活方式》就是在这种情况下诞生的。它虽然篇幅短小，却是一部杰作。故事中有 26 位叙述者，分别和英文字母表上的 26 个字母对应。故事就是对他们的交谈和评论的转述，这一切都围绕他们认识的一位病人展开（至于得了什么病，故事中只字未提），其中的谈话和评论透露出焦虑。这些谈话和评论被串成一个连续不断的整体，好像是在窃听一系列的电话交谈。作品语言形式多变，呈现出纽约人私下闲聊的特色。桑塔格在写作中还从未如此娴熟地驾驭过这种叙事语气，看起来这和她曼哈顿的朋友之间的那种亲密交谈何其相似。讲述的故事也非常感人。苏珊显然借鉴和重温了10年前她罹患癌症时的情形：当时她面对死亡，她和她的朋友也是这样内心非常焦虑。现在，作为旁观者，她再次来到“疾患的王国”。曾经沧海，她有权书写这个话题，虽然故事中说话的不是病人，而是病人所有的朋友们。但是，漫长而绵延不断的叙事线完美地呈现了那个惹人厌烦、迷迷糊糊、淹没一切、令人恐惧的疾患世界的现实，那个在“生命的暗夜”里生活的现实。悄声低语的叙事形式暗合了人们对病魔的恐惧。某种程度上，艾滋病将每个人都连接了起来，改变着人们的性行为和人们的生活方式。“只要有性生活，人人都面临着危险；性就像一条锁链，把每个人和其他人连接了起来，甚至包括不认识的人。现在，那条彰显存在的链条变成了一条死亡之链。”[63]

桑塔格与艺术家霍华德·霍奇金（Howard Hodgkin）合作，给这个故事配了插图。霍奇金花了数年的时间制作了一系列抽象的、流光溢彩的蚀刻版画。版画采用手工着色，画面极其阴森恐怖。融合了霍奇金版画的《我们现在的生活方式》于1991年出版。从它第一次在《纽约客》上发表到现在，已经过去了5年。[64]在桑塔格的整个写作生涯中，她由于没有公开自己的同性恋身份，因此饱受同性恋社群的批评——这种批评还会继续下去。然而，从《恩主》和《漫谈“坎普”》开始，她的作品反复参与同性恋文化的讨论。《我们现在的生活方式》也是她以艺术的形式对自己所在的社群里出现的危机所做的回应。她从不选边站队，一心想成为一名作家，而不愿被别人看成一名同性恋活动家、女权主义者、后现代主义者，或者别的什么名头。除此之外，她对自己双性身份的隐瞒也有自我保护的因素，这可以追溯到离婚后她在法庭上为争夺大卫的监护权所做的斗争。她心里清楚，“出柜”会让她失去很多，至少，她不能失去大卫。

20 世纪 80 年代中期，身边又有更多的人离开了人世。1986 年 12 月，米尔德里德·桑塔格因患肺癌在夏威夷去世。一年后，纳特·桑塔格去世。[65] 在米尔德里德病危的时候，桑塔格正在夏威夷参加电影节，她是评委团成员。也许是对母亲离世所做的反应，苏珊开始写回忆录，这便是后来的《朝圣》。作为对艾滋病的回应，她也在写一篇加长版的批评文章《艾滋病及其隐喻》（*AIDs and Its Metaphors*），这部作品以另外一种方式对艾滋病引发的危机进行了讨论。最初，它本是写给新版的《疾病的隐喻》的一篇后记，但是，随着主题的不断充实，这篇后记最终发展成为《疾病的隐喻》的续篇。新作从关照艾滋病的角度出发，重申和更新了《疾病的隐喻》的主题。先前的作品比照着肺结核讨论了癌症；在新作中，桑塔格将梅毒和艾滋病进行比照。她写道，艾滋病被赋予特殊的含义，人们把它看成一场瘟疫。艾滋患者遭受的羞辱比癌症患者的遭遇更为深重：由于艾滋病毒通过性生活和滥用毒品而传播，染上艾滋病被看作是“咎由自取”。[66]

这部作品写于艾滋病危机在纽约爆发的过程之中，与讨论癌症的著作相比，这部讨论艾滋的专著更加注重现实情况，其中的讨论更为客观。因此，它缺乏在个人情感驱动下所能达到的深度。《我们现在的生活方式》以及讨论癌症和摄影的文章中所具有的那种克制的情感和忧郁的格调在这部讨论艾滋病的作品中没有得到充分体现，这让作品的说服力大打折扣。《疾病的隐喻》中若隐若现、自传式的潜文本——桑塔格作为癌症患者的亲身经历——使得作品的论证更加有力；《艾滋病及其隐喻》中未曾明说的、自传式的潜文本——桑塔格作为双性人的经历——使得这部作品的论证软弱无力，这也许就是为什么这部作品招致了如此激烈的批评，尤其是来自同性恋群体的批评。

然而，《艾滋病及其隐喻》却给桑塔格的生活带来了意外的收获，甚至改变了桑塔格的生活。1988 年，在作品出版发布会上，安妮·莱柏维兹（Annie Leibovitz）为苏珊拍摄了照片。这是她们第一次见面。她们一同外出，共进晚餐。莱柏维兹询问了苏珊有关小说《恩主》及其他的事情。当时，莱柏维兹 39 岁，桑塔格 55 岁，摄影师与她的拍摄对象之间开始了火热的恋情。她们的恋爱关系时断时续，长达 16 年，比她和菲利普、艾琳、妮可及约瑟夫相处的时间都要长。桑塔格和安妮之间的恋情大体上可以用大卫的一句话来描述：一种“时有时无”的关系[67]，它将成为桑塔格人生中最持久的关系，在接下来的几年里就要结出更为丰硕的果实。

注 释:

1. David Rieff, *Swimming in a Sea of Death* (London, 2008), p. 26.

2. Ibid., p. 36.

3. Ibid., pp. 35（“扁平”）, 29（“恐慌外溢”）, 27（“刀剑”）, 28（“癌症=死亡”）, 29（“谁也逃不了一死”）, 29（“不想离开人世”）。

4. Ibid., p. 35.

5. Sigrid Nunez, *Sempre Susan* (New York, 2011), p. 9.

6. Leland Poague, ed., *Conversations with Susan Sontag* (Jackson, MS, 1995), p. 230.

7. Poague, ed., *Conversations*, p. 151.

8. Rieff, *Swimming*, p. 36.

9. Susan Sontag, *As Consciousness is Harnessed to Flesh: Diaries, 1964-1980*, ed. David Rieff (London, 2012), p. 415.

10. Nunez, *Sempre Susan*, p. 33.

11. 参见‘He Landed Among Us Like a Missile’，苏珊·桑塔格接受采访，讨论约瑟夫·布罗茨基，出自 Valentina Polukhina 主编的 *Brodsky Through the Eyes of His Contemporaries*, vol.II (Boston, MA, 2008), p. 324.

12. Nunez, *Sempre Susan*, pp. 32, 33.

13. Rieff, *Swimming*, p. 36.

14. *As Consciousness*, p. 426.

15. Nunez. *Sempre Susan*, p. 96.

16. Susan Sontag, ‘Under the Sign of Saturn’, in *Under the Sign of Saturn* (London, 2009), p. 129.

17. Ibid.

18. Susan Sontag, *On Photography* (London, 2002), pp. 12-13.

19. Poague, ed., *Conversations*, p. 96.

20. *On Photography*, pp. 51, 82.

21. Ibid., p. 81.

22. Ibid., p. 20.

23. Poague. ed., *Conversations*, p. 230.

24. Poague. ed., *Conversations*, p. 197.

25. *As Consciousness*, p. 454.

26. Susan Sontag, *Illness as Metaphor & AIDs and Its Metaphors* (London, 2002), pp. 49, 110.

27. Susan Sontag, *Styles of Radical Will* (London, 2009), p. 203.

28. *Illness*, p. 91.

29. Ibid., p. 98.

30. Ibid., p. 69.

31. Ibid., p. 66.

32. Ibid., p. 56.

33. *As Consciousness*, pp. 434（雅典娜剧院），436（吉尔吉·康拉德，“美极了”），445（汽艇）.

34. Nunez, *Sempre Susan*, p. 113.

35. Poague, ed., *Conversations*, p. 120.

36. Ibid., p. 202.

37. “美国公众的良心”最初的标题是‘The Will and the Way’，参阅 *Partisan Review*, 32（1965 年夏刊）, pp. 373-396.

38. *As Consciousness*, p. 475. 关于日本的写作计划有好几个文件夹，参见加利福尼亚大学洛杉矶分校苏珊·桑塔格文献汇编：洛杉矶 UCLA 图书馆，Charles E. Young Research 分馆，282 号资料柜，1—14 号文件夹。

39. Poague, ed., *Conversations*, p. 191.

40. Susan Sontag, interview by Arthur Holmberg, *Performing Arts Journal*, IX(1985), P. 29.

41. Poague, ed., *Conversations*, p. 185.

42. Susan Sontag, ‘Fascinating Fascism’, 选自 *Under the Sign of Saturn*, p. 79.

43. *As Consciousness*, p. 518.

44. Susan Sontag, ‘Mind as Passion’, 选自 *Under the Sign of Saturn*, p. 204.

45. Poague, ed., *Conversations*, pp. 175（“解脱”），197（“漫长而复杂”），202（“小说”）.

46. Joan Acocella 在她的文章中提到了“有关舞者”的小说，参阅‘The Hunger Artist’, *New Yorker*（2000 年 3 月 6 日）, p. 71; 有一本有关“艾莎道拉·邓肯”的写作笔记，参见加利福尼亚大学洛杉矶分校苏珊·桑塔格文献汇编：134 号资料柜，2 号文件夹。

47. Poague, ed., *Conversations*, p. 202.

48. Acocella, ‘The Hunger Artist’, p. 71.

49. Callie Angell, *Andy Warhol Screen Tests: The Films of Andy Warhol, Catalogue Raisonné* (New York, 2006), vol. 1, pp. 51-53.

50. *As Consciousness*, pp. 420（简短的评论），498（布罗茨基）。

51. Ibid., p. 459.

52. 桑塔格在市政厅的演讲在征得她许可的情况下刊印在 1982 年 2 月 27 日杂志 *The Nation* 上，并附有其他作家和知识分子对其所做的评论 (pp. 231-237)。

53. Edmund White, *City Boy: My Life in New York during the 1960s and 1970s* (London, 2010), p. 280.

54. 这是 Sayres 对这篇文章的描述。参见 Sohnya Sayres 的 *Susan Sontag: The Elegiac Modernist* (New York, 1990), p. 43.

55. 有关的笔记和手稿参阅加利福尼亚大学洛杉矶分校苏珊·桑塔格文献汇编：275 号资料柜，1—8 号文件夹。

56. Poague. ed., *Conversations*, p. 208；有关“萨特的隐退”的笔记和手稿参阅加利福尼亚大学洛杉矶分校苏珊·桑塔格文献汇编：273—274 号资料柜。

57. Susan Sontag, 'Mr Balanchine', 选自 *Vanity Fair* (July 1983), pp. 70-75; Susan Sontag, 'Images of People Past', *Art and Antiques*, 1 (May 1984), pp. 66-77; Susan Sontag, 'Fragments of an Aesthetic of Melancholy',Vera Lehndorff 和 Holger Trülzsch 的 *'Veruschka': Trans-figurations* (London, 1986), pp. 6-12.

58. 参见 David Rieff 的 *Swimming*, p. 106.

59. Nunez, *Sempre Susan*, pp. 115-116.

60. Susan Sontag, 'The Letter Scene', 出自 *New Yorker*（1986 年 8 月 18 日），p. 28.

61. Nunez, *Sempre Susan*, p. 116.

62. Poague. ed., *Conversations*, pp. 256-257.

63. Susan Sontag, *The Way We Live Now* (London, 1991), p. 19.

64. *The Way We Live Now* 的限制版于 1990 年在伦敦由 Karsten Schubert 出版。与之相关的另外一本公开发行的版本于 1991 年在伦敦由 Jonathan Cape 出版。

65. Carl Rollyson and Lisa Paddock, *Susan Sontag: The Making of an Icon* (New York, 2000), p. 257.

66. *Illness*, p. 111.

67. Rieff, *Swimming*, p. 66.

VII 再次出发（1988—2000）

桑塔格从未和一名摄影师建立过如此严肃认真的关系，尽管在这之前，甚至在她写作《论摄影》之前，许多摄影师都是她的朋友。黛安·阿勃斯、彼得·胡嘉和罗伯特·马普莱索普（Robert Mapplethorpe）等都给她拍摄过照片，她和他们都有私人交情，不过他们很快就成为过往云烟：阿勃斯自杀后，人们对她的作品表现出浓厚的兴趣；1987 年，胡嘉死于艾滋病并发症；两年后，马普莱索普也因为同样的病因离世。马普莱索普也给安妮·莱柏维兹拍摄过照片，安妮和桑塔格的照片都出现在他的作品集《某些人：肖像集》（*Certain People: A Book of Portraits*，1985）里。桑塔格还为这部作品集写了序言，主要讨论了在拍摄过程中她自己的不安感受。因此，在新书《艾滋病及其隐喻》的发布会上，当桑塔格和莱柏维兹第一次见面的时候，她强烈地意识到莱柏维兹就在那里，而莱柏维兹心里也非常清楚桑塔格是何等人物。她们之间既是摄影师和摄影对象之间的关系，也是摄影实践者和摄影理论家之间的关系。桑塔格乐于指导和栽培莱柏维兹；反过来，莱柏维兹以她的创造力为桑塔格的理论提供了滋养。

莱柏维兹出生于 1949 年，在 20 世纪 60 年代晚期就读于圣弗朗西斯科艺术学院。整个 70 年代和 80 年代初期，她专门为《滚石》杂志拍摄摇滚音乐，由此开始了她的职业生涯。她曾跟随许多巡演的乐队外出拍摄。1980 年她经历了一次极为巧合又极其恐怖的事件：

她拍下了约翰·列侬（John Lennon）和小野洋子（Yoko Ono）的经典照片，几小时之后，列侬就遭到了枪杀。1983年，她转而为《名利场》（*Vanity Fair*）杂志社工作，更多地从事人物肖像拍摄。20世纪80年代，她拍摄了第一批摄影棚人物肖像。摄影棚很大，位于纽约万达姆街。许多人邀请她拍照，她成了声名远播的肖像摄影师。然而，尽管功成名就，她对摄影棚肖像摄影略有不安。现在遇见了桑塔格，莱柏维兹声称她对自己的职业方向没有把握。“这是我的天性，我是曾经为摇滚乐杂志工作过的坏女孩，而这种天性却在渐渐地消失。”桑塔格“告诉我，她认为我会好起来”[1]。莱柏维兹来自于一个充满爱心的大家庭，在6个孩子中排行第三。孩童时代她跟着父亲四处搬家。他的父亲在美国空军服役，经常从一个空军基地调往另一个空军基地。她和桑塔格都有犹太家庭背景。不过，她没有桑塔格那种漂泊无根的感觉。她的父亲在康涅狄格州长大，在“二战”时期遇见了她的母亲，退休后他们在马里兰州定居下来。他“一心为我们这个家”，莱柏维兹写道。[2]莱柏维兹一直和兄弟姐妹们关系很好。

如果说两人认识的时候，莱柏维兹对于自己的摄影师身份有些疑虑，那么桑塔格也好不到哪去：20世纪80年代，许多创作计划都半途而废，这是她创作作品最少的10年，现在正处于创作的低潮期。而且，她在经济方面有点儿吃紧。现在，她住的公寓是位于国王街的市区住宅，租金比当时她住在“340号”时高多了。桑塔格不止一次给采访她的人讲这个故事：一天晚上，从国王街的公寓里醒来，她发现卧室着火了。她逃了出来，并未受伤。然后她惊讶地发现自己竟然连在宾馆住一晚上的钱都没有。[3]作为一名作家，她从来不太在意钱的事情，写写书，偶尔去做演讲，或者去讲课，赚的钱够花就行——尽管在20世纪70年代生病期间，由于没有买健康

《安妮·莱柏维兹》，罗伯特·梅普尔索普（Robert Mapplethorpe）拍摄于1983年。

保险，她连医疗账单都付不起［《纽约书评》的罗伯特·西尔弗斯（Robert Silvers）为她筹措了15万美元的医疗费］。对桑塔格来说写作是一份事业，不是赚钱的手段。和许多朋友相比，她赚的钱少多了，现在，她已将近60岁。鉴于这种情况，她第一次决定聘请一名事务代理。效果立竿见影：1989年初，通过她的代理人安德鲁·怀利（Andrew Wylie），她和经常打交道的法勒—施特劳斯—吉鲁出版社签下了出版4本书的大单。次年，她又获得了一笔奖金不菲、可连续享受5年的麦克阿瑟奖（MacArthur Fellowship）。

桑塔格人生中第一次有了经济保障，而且她又恋爱了。1989年，她和莱柏维兹去了墨西哥和威尼斯，在威尼斯，她们入住格里蒂宫酒店，那个弥漫着桑塔格诸多过往浪漫情事的地方。9月，桑塔格搬到了柏林，以便开始写作她的新小说《火山情人》（*The Volcano Lover*）。在之后的3年里，她一直在写作这本小说，将批评文章放到了一边，这是以前从未有过的情况。也许，莱柏维兹给了她动力，让她突然终止了批评性写作——这是她一直说想要做的事情。后来，桑塔格把她对《火山情人》这部25年来出版的第一本小说的创作描述为：奇迹般地打开了她创造力的闸门，是一次情感淋漓尽致的宣泄，是多年的沉寂后难以置信的再次出发。“我一头扎进这本书的创作，就像爱丽丝闯入了她的奇幻境地，”她说，“3年来，我每天工作12个小时，沉醉在快乐中。”[4]“整本小说就是我发现自己所能达到的巅峰状态的过程。”[5]

桑塔格选择在柏林生活，这让她在写作的时候得以“双重远离”[6]：她既不在纽约，也不在小说故事发生的地方（意大利），这种安排总体上有利于她的创作。从1989年的秋天至1990年底，她已经完成了《火山情人》创作的一半工作，大部分工作在柏林完成。小说的出版还要等待一些时日。这段时期，她还创作了戏剧。1990年1月，她在柏林用了仅仅两周时间就创作了戏剧《床上的爱丽丝》（*Alice in Bed*），这部戏剧于次年在波恩首次演出。这也不是桑塔格唯一的戏剧作品：1991年，她对瓦格纳（Wagner）的《帕西法尔》（*Parsifal*）进行了大刀阔斧的改编，写成了非常精简的剧本《一位帕西法尔》（*A Parsifal*），姑且用作在波士顿美术馆展出的罗伯特·威尔逊的作品展的简介。[7]

《一位帕西法尔》与格特鲁德·斯坦因的创作类似，极富智巧，可以看作以超现实主义的戏剧形式展开的文化批评（剧中的核心“人物”是只鸵鸟）。戏剧讨论的令人困惑的问题是战争中人们所表现出的观望、无动于衷的态度以及他们承受的苦难。在接下来的 10 年里桑塔格继续关注这个话题。这部戏剧在桑塔格的有生之年未曾搬上过舞台。尽管她做过舞台导演，并对戏剧批评保持着兴趣，但是在这之前，她创作的都是电影剧本，并不是舞台剧本，因此，本剧目开辟了她以戏剧形式进行创作的新领域。

相比之下，《床上的爱丽丝》的剧情就长多了，共有 8 个场景。但就思想而言，它基本是文化批评性的，围绕着静态观念的讨论而建构，并不是一出彻头彻尾的戏剧。10 年前，作为导演的桑塔格在指导德里亚纳·阿斯蒂排练皮兰德娄的戏剧，那时她就产生了创作《床上的爱丽丝》的念头。当时，阿斯蒂说她希望桑塔格能为她写一出戏剧，能够让她在整个演出的过程中不离开舞台。桑塔格开了个玩笑，说若是这样那她就得待在床上。顷刻间，桑塔格想到了爱丽丝·詹姆斯（Alice James）——亨利和威廉·詹姆斯的才华横溢的妹妹。不过，10 年以后她才把这个想法变成现实。

这部戏剧的背景设在 1890 年的伦敦，剧中穿插了一个简短的回闪：几十年前詹姆斯一家人住在马萨诸塞州剑桥市的家里。《床上的爱丽丝》基于爱丽丝·詹姆斯挫折重重的生活而创作，反映了她“不着边际的幻想”[8]。爱丽丝一生患病，除了在私下里写日记，她那外溢的才华无处施展。爱丽丝所患疾病的病因不明，直到 43 岁的时候她被诊断出患有乳腺癌，这明显与桑塔格自己的人生遭遇相呼应。只不过桑塔格逃过了一劫，爱丽丝却昏厥而死。在这部戏剧的 8 个场景中，爱丽丝一个接一个地和这些人谈话：她的护士；她的父亲——心不在焉，容许了她自杀的想法；她的哥哥亨利；与她意气相投的几位鬼魂：艾米莉·狄金森（Emily Dickinson）、玛格丽特·富勒（Margaret Fuller）、《吉塞尔》（*Giselle*）中的人物玛撒、

《一位帕西法尔》中的人物昆德里（Kundry）；她已故的母亲；进入她的房间盗窃的伦敦佬。据此，桑塔格探究了爱丽丝的无助以及困于病榻而引起的“女性的悲愤”[9]。

在戏剧的中间部分，桑塔格安排了一个疯狂的茶会。这样，爱丽丝·詹姆斯的生活和另外一位爱丽丝——刘易斯·卡洛尔（Lewis Carroll）——的生活融合了起来。在茶会上，爱丽丝和她的鬼魂来客一起吸食鸦片。尽管这些都是历史人物，而且维多利亚时代的女性都处于水深火热之中，但是该剧的剧情却游离了现实的束缚，围绕爱丽丝的病榻营造出迷幻的、超越现实的氛围；剧中大部分的事件其实都发生在她的内心世界。这出戏剧重提《疾病的隐喻》讨论过的话题。不过，它采用了极其诙谐有趣的方式，剧中充满了怪诞的笑声和机智的对话。更具悲剧意味的是该剧还重提了《死亡之匣》中的话题——她一辈子病魔缠身，这实际上就是慢性自杀。和《死亡之匣》一样，戏剧《床上的爱丽丝》中也有旅行。在第6个场景中，爱丽丝漫长的独白表明她可以“凭着一颗心旅行”，去罗马和意大利：

景色扑面而来，一种景象变幻成另外一种景象：城墙、门户、拱门、台地，新的景象，新的变化。无论如何还是那老地方：罗马——我心中的罗马。在我的内心里，我想走多远就走多远，我可以做我无法做或者不该做的事情。[10]

对爱丽丝而言，想象便是超越，正如她的哥哥亨利所言，想象是唯一的解脱，是她以“患病之躯能够找到的……唯一办法……（来应对）生活的难题——因为想象压制了有关平等、互惠等想法引发的哀痛”。但是，恰如桑塔格针对该剧做的笔记，“想象的胜利是不够的”[11]。就探讨想象和内心世界的种种不足之处而言，该剧又回到了《恩主》所讨论的话题。桑塔格性情执拗，拒绝被生活击倒；她拥有的力量和关注更为广阔的外部世界的冲动意味着她不会对爱丽丝的无助表示赞同，尽管爱丽丝的内心生活也是作家的内心生活。该剧勾勒出爱丽丝作为女人实实在在的受限状态，她无法在自己生存的社会中完整地定义自身。然而，桑塔格剧中的爱丽丝无法站起来是因为她没有想站起来的意愿；同样，她不愿站起来是因为她无法站起来。该剧也是桑塔格首次以过去为背景来刻画真实的历史人物且没有半途而废的一部作品。桑塔格对爱丽丝·詹姆斯困于病榻之上的臆想进行了大胆而巧妙的戏剧化表现。同样，她把这种做法也融入她一门心思创作的小说中——尽管不及在这出剧目中那样极端，却也对历史小说的传统进行了创新。

1991 年初，桑塔格从柏林回到纽约。她租了新公寓，继续《火山情人》的写作。现在，她的经济比较宽裕，住所也宽绰了一些。她住在切尔西的一处五室顶层公寓，地处伦敦高台，与莱柏维兹比邻而居，她们彼此可以看见对方的住所。桑塔格住在西 24 街，莱柏维兹住在西 23 街。和住在“340 号”时一样，站在家里的阳台桑塔格抬眼就可以看见哈德逊河。她为自己收藏的书籍建立了一个图书室，现在规模急剧扩张，书架直抵屋顶。在她的新助手卡拉·埃尔夫（Karla Eoff）的协助下，她继续写作《火山情人》。偌大的屋子里到处是书，她坐在屋子中间，埃尔夫在桑塔格的电动打字机上敲打书稿。后来，她终于买了一台电脑，替换掉了打字机。小说书稿写到后期，桑塔格就直接口授内容给埃尔夫，她们一边创作一边修订和编辑。

《火山情人》的大部分内容是在柏林和位于切尔西的公寓里完成的，不过，1991 年她在米兰的一家酒店待了两周时间进行写作。另外，小说中非常关键的一章——作为核心人物的骑士死亡前的心理独白——是桑塔格在入住纽约的五月花大酒店之后的三天内写成的。[12] 桑塔格也对小说中出现的一些地点进行了实地考察，她甚至攀登了维苏威火山这个小说中重要的场景。在对小说稿进行校订的时候，桑塔格和埃尔夫把自己关在伦敦高台的公寓里，整个一周不曾外出，对小说文本改了又改。[13]

对桑塔格而言，《火山情人》是全新的开始，是她年将60的时候在艺术创作领域的再出发，她尝试用新的文学类型（历史小说）进行创作，而且采用了不同的研究和创作方法。作为小说家，她的成长依赖于对理念和技巧的抛弃，这是一个悖论：《恩主》和《死亡之匣》都对小说叙事和现实进行了开创性的探索；而《火山情人》更贴近于较为古老的传统小说形式。若是站在年轻的桑塔格的角度来看，《火山情人》简直就是倒退；现在，在上了年纪的桑塔格的眼中，20世纪60年代她的新派小说风格的文学试验枯燥而乏味，显得唯我独尊。随着对历史和过去的把控，她的作品一直在向前发

皮埃特罗·法布里斯依照威廉·汉密尔顿的《维苏威火山口》（*The Crater of Mount Vesuvius*）印制，原作出自汉密尔顿的《坎皮·福利格莱：两西西里的火山景观》（*Campi Phlegrai: Observations of the Volcanoes of the Two Sicilies*，1779）

展，并且从这样的深度中受益良多。现在，作为作家的她也认识到通过感官来捕捉细节的重要性。20 世纪 80 年代，在写作她的回忆录《朝圣》的时候，桑塔格告诉努涅兹她根本没有观察到细节信息，比如，她就缺乏像纳博科夫那样对细节的掌握，或者说她当时注意到了，只是后来遗忘了。例如，写作《朝圣》时“她几乎想不起来那天托马斯·曼房子里的任何具体的细节信息。她说这非常令人沮丧，因为她现在要讲那个故事了”[14]。在写作《火山情人》的时候，桑塔格学会了用心描画细节，这是她以前在小说中从未做过的事情。而且，她也学会了如何更加自然地把高谈阔论和哲理式的表述融入故事讲述中去。与此同时，她让这部小说明显成为一部后现代主义作品，却依然保持了历史小说的特征。

20 世纪 80 年代早期，桑塔格去了伦敦。在大英博物馆附近的一家兼营印刷业务的书店里，她发现了几张维苏威火山的版画。从那时起她就萌生了创作《火山情人》的想法，一直酝酿了 10 多年。版画是由 1976 年英国驻那不勒斯大使威廉·汉密尔顿爵士（Sir William Hamilton）委托制作的。桑塔格最初的想法是给意大利的艺术杂志 *FMR* 写一篇有关这些版画的评论文章。[15] 随着她与汉密尔顿了解的深入——亚历山大·科达（Alexander Korda）导演的电影《汉密尔顿夫人》（*That Hamilton Woman*，1941）和 1969 年由布赖恩·福瑟吉尔（Brian Fothergill）写作的传记已经对其生活有所刻画——写一部复调式史诗风格小说的想法在桑塔格的脑子里渐渐变得清晰起来。她与汉密尔顿惺惺相惜：他的忧郁的性格、独特的鉴赏力以及对收藏的热忱都和她的品性相吻合。她了解到，汉密尔顿娶的第一个妻子是凯瑟琳·巴洛（Catherine Barlow）。巴洛去世后，他又迷恋上了比他年轻许多（小 36 岁）的艾玛·里昂（Emma Lyon），并于 1791 年和她结婚。后来里昂被称为“艾玛·哈特”（Emma

Hart），直到最后她被称为“艾玛·汉密尔顿夫人”。艾玛是一名绘画模特、演员，也是个大美人。她给画家乔治·罗姆尼（George Romney）和乔书亚·雷诺兹爵士（Sir Joshua Reynolds）做过模特。她还尝试过诸多“神态”表演——一门模仿和扮演名人的艺术。在嫁给汉米尔顿之后，艾玛爱上了纳尔逊勋爵（Lord Nelson），他们三人之间的三角恋关系是桑塔格小说情节发展的核心。故事的高潮阶段恰好是多事之秋的1794年：维苏威火山爆发，同时血腥而恐怖的法国革命也传到了那不勒斯。

桑塔格对历史总是有点不放心。后来，已经是成熟的历史小说家的她在评论安娜·班蒂（Anna Banti）的《阿特米西亚》（*Artemisia*）的文章中终于赞美了历史小说这个文学类别。即使这样她却依然说：“总是觉得发生在过去的故事常常在形式和主题方面比较老套和过时。事实上，对过去的关注被认为是对当下的回避或者逃避。”[16]桑塔格对历史小说的疑虑部分源于她本能的追求，即艺术要和当下紧密关联，以及她的思想理念：艺术家的作用就是引领大众关注的焦点和他们的认知。在历史题材中，如此众多的主题竞相出场，等待着作家去探索。这就很难确定在哪里才能为当下找到意义。《火山情人》最先出场的人物是作者本人，她在过去的迷宫里搜寻她要讲述的故事。桑塔格描述出自己在曼哈顿的一个跳蚤市场里的情形：1992年的春天，她“身穿牛仔裤和丝绸外罩，脚蹬网球鞋”，搜寻“对我有意义的东西”。[17]

《火山情人》聚焦的人物最初是尽管有点无趣但目光敏锐的威廉·汉密尔顿。但是，桑塔格在刻画艾玛的时候也把自己融合到这个人物身上。在小说的后半部分，艾玛走到了前台。威廉骑士“凭借无穷无尽的热情，从一个接一个令人哀伤的情感漩涡中脱身而出。他对什么都感兴趣”。和桑塔格一样，他对收藏满怀热诚，永不知足，

《艾玛·汉密尔顿》，乔治·罗涅夫创作于约1872至1894年间，约翰尼·琼斯采用平版印刷仿制于约1901年。

甚至连艾玛也是他的收藏品："她爱不爱他不要紧；只要他爱她，只要他喜欢观赏她，这就足够了"。艾玛是他"这位伟大的收藏家引以为豪、公开展出的藏品"。艾玛善于利用各种风格和面具——恰如写作评论文章时的桑塔格——她总是"审时借势进行表演……再现历史人物或者诗人的架势以及神态"。[18] 和艾玛一样，桑塔格也为艺术家做过模特，参与了许多摄影师的创作。艾玛凭借一己之力成为别人艳羡的对象。她性格活泼，但是因为她是女人，因为她貌美如花，所以她的才华无法得到社会的认可。

在《火山情人》中，桑塔格对主要人物的刻画比以往任何小说都投入了更多的热情。小说行文给人以感官的享受，语言诙谐而典雅，带着18世纪的散文那种令人愉悦的机智。桑塔格在谈及这部小说的创作时说她使用了自由奔放的语言，重点放在"行得通"和阅读的“快感”。她甚至提到，有一天她在跟自己的分析师交谈，对方的话让她的思路一下子打开了：“你为什么认为给人们带来快感不是一项成就呢？”……“我想了想，是呀。那句话触发了我。”[19] 小说的人物刻画富有深度，而且，在对人物刻画不会造成损害的前提下，叙事给读者带来了快感。这其中很重要的原因在于《火山情人》对历史小说的颠覆，而且，我们总是隐隐约约地感觉到桑塔格的在场——作为20世纪晚期的小说家，她就站在她创造的这些历史人物的背后，而我们或多或少地对这些人物心怀同情。小说以独特而复杂的方式对表达的情感既表示了认同又保持了一定的距离。小说叙述到处是桑塔格式的精言妙语，尤其是针对收藏的讨论——若将这些表述摘录出来，足以编成一个有关收藏的小册子。除了讨论18世纪和20世纪晚期艺术作品对苦难的不同刻画之外，这些精妙的陈述也对刻画苦难的艺术实践进行了思考。当小说讲述那不勒斯的革命的时候，场面变得极其暴力而血腥。但是，对苦难进行思索的叙述线索拉开了读者和暴力之间的距离，小说对这种距离感产生的道义上的问题进行了评价。这就和以前的作品《论摄影》及有待创作的《关于他人的苦难》贯通一气。

那时，人们推崇的是将苦难损之又损的艺术（以古典艺术为代表）。它向人们展示，即使身陷天大的苦难，也可以优雅端庄，镇定自若。然而，我们以真实的名义推出的艺术却极尽表现创伤、暴力和丑恶之能事。（问题在于：我们感受到了吗？）对我们而言，极其关键的时刻恰恰是令我们内心及其不安的时刻。[20]

在小说中，故事叙述常常被置之一边以进行讨论，作者的声音主宰了文本。《火山情人》展现了桑塔格在艺术才华方面的新突破，以及掌控各种叙述声音和情绪的能力，作品达到了主次交融、和谐一体的境界。桑塔格在接受《巴黎评论》的访谈中指出，这部小说具有音乐的结构，借鉴了保罗·欣德米特（Paul Hindemith）的音乐作品《四种气质》（*Four Temperaments*，1940）。小说开头讲了3个短小的故事，是为序曲，随后是四大乐章，表现了“忧郁、乐天、沉静以及狂躁”的情绪。前两个“乐章”在气质上几近冲突，主导了《火山情人》的整体格调，占据了整部小说四分之三的内容。[21]

第一“乐章”是对骑士本人以及他的第一次理想的婚姻的讲述，弥漫着忧郁的格调。他娶了凯瑟琳，这是一场多少缺点激情的婚姻：气氛庄严，情绪郁闷，思考缜密，行动迟缓。第二“乐章”是小说的核心部分，同样采用第三人称进行叙述。在这一部分中，性格非常活泼的艾玛出场，她使小说的叙事有了生机，故事最终演变成那不勒斯的流血革命。这一部分便是“乐天”。第三“乐章”格调沉静，采用第一人称叙述。这是死亡之前骑士在病榻之上的独白。第四“乐章”堪称狂躁，由4位愤怒的女士的独白构成，她们是凯瑟琳、艾玛的母亲、艾玛自己，以及最后出场的葡萄牙女诗人埃莉奥诺拉·芳斯卡·皮门特尔（Eleonora de Fonseca Pimentel）。

在小说的结尾，埃莉奥诺拉对她那个时代的女性的命运展开了深思：

> **为了把我的潜能发挥到极致，我得忘掉我是个女人；或者，我常常欺骗自己做个女人很简单。天下女人都一样，包括这本书的作者在内。**[22]

埃莉奥诺拉给人留下了难忘的印象，她极尽尖刻之能事，对小说的所有人物做出了终极评判。威廉·汉密尔顿只不过是一个“来自上等阶级的浅薄之辈”。他的妻子艾玛“也只不过是个颇有才华、紧张兮兮的女人；她自以为了不起，因为她心仪的男人爱着她”。至于纳尔逊，“我才懒得说我多么讨厌和鄙视他这个所谓的斗士……他残杀了我的诸多朋友”。在小说的结尾，埃莉奥诺拉狂躁地喊出了最后的诅咒：“他们以为他们是文明人，其实他们是卑鄙无耻之徒。见他们的鬼去吧。”这几句话令人深感不安，叙述视角也随之改变，一切变得不再确定。[23]

1992年的夏天，《火山情人》刚一面世就进入了畅销书的榜单，这是桑塔格第一次被普通大众认可。批评界也是一片喝彩，他们可能也有些意外，桑塔格竟然转而写作如该书副标题所称的“浪漫传奇”（A Romance）。对于桑塔格来说，这部小说是她的艺术创作达到的新高度。首先，在长达3年的高强度的写作过程中，她感觉到自己的语言表现力有了巨大的提升。她向自己和心存疑虑的批评家们证明——他们把她20世纪60年代的两部小说批评得体无完肤——她具有成为一名小说家的素质。这部小说对桑塔格来说意义非同小可。在某种意义上，这是她所取得的最为重大的成功，她当之无愧，这种感受是其他的名号——比如，写过《漫谈“坎普”》的名流——无法比拟的。小说面世后，她在接受采访时经常说，《火山情人》终于见证了她成了她一直想成为的那种类型的作家；在她的作品《专一》（*Singleness*）中，她对这本小说取得的成就如此心醉，以至于她将凝聚着自己心血的以前的作品抛在了一边，她写道，终于“走到了这一步——几乎花了30年的时间——终于写出了我真正喜欢的作品《火山情人》”。[24]

1993年1月，桑塔格正好60岁。她和莱柏维兹乘坐小船沿尼罗河而下，以示庆祝。同行的还有霍华德·霍奇金。很快，她就要针对他的画作发表评论文章《关于霍奇金》（*About Hodgkin*）——

她关于绘画的评论文章屈指可数。这篇文章最初是写给 1995 年霍奇金作品展的简介。桑塔格敬重霍奇金，他对那些美轮美奂、采用慢速曝光拍摄的照片总能给出“巧妙而独特”的解释，他的作品“设计精巧，色彩饱满而艳丽”，他总能在形象刻画和抽象处理之间找到平衡，作品中表达的情感克制而不张扬——“基本的理念是在每张照片中色彩要尽可能饱满，情感要尽可能丰富，从而造成一种情感似乎要溢出图片边界的效果”。霍奇金一生喜欢旅行，这是他们两人的共同爱好。在埃及，他们一起尽情地畅游。[25]（1994 年，他们还一起去了威尼斯。）

你站在船舷旁边，沿着尼罗河溯流而上。从卢克索出发，行程需要一整天的时间。落日的余晖洒在河面上，你尽管欣赏，不必写下任何文字，不用拿起画笔，也不用拍摄照片。你只是举目眺望，有时眼睛累了就休息一会儿，接着去欣赏。夕照似乎渗入了骨髓，让人无比快乐，无比好奇。[26]

风景如画的埃及之行是桑塔格对自己的犒劳。几个月之后，《火山情人》带给她的喜悦还未消退，桑塔格就坐飞机去了萨拉热窝。这样的年纪，去这样的地方，令人诧异。截至 1993 年 4 月，这座城市遭受塞族枪炮的蹂躏已经有一年的时间了。这次行程是由大卫·里夫发起的，他在写一本有关波斯尼亚的书。桑塔格在那里仅仅待了两周。然而，在这短暂的停留中他结识了许多朋友。她被这座遭受围困的城市中破败不堪的景象所激怒。狙击手的冷枪让萨拉热窝的日常生活——即使只是横穿街道——变成了一场死亡游戏。“一小时之前或之后，就在你待的地方有人被枪杀。”桑塔格如此写道。[27]她和《解放》（*Oslobodenje*）报的编辑们建立了良好的关系。在城市遭受围困的情况下，报纸竟然奇迹般地在出版发行，继续发挥着它的作用。其他公共服务，比如水电全都中断了。报社的总编辑凯末尔·库斯帕希（Kemal Kurspahic）请她到家里共进晚餐，他指给桑塔格看家里起居室的墙壁上狙击枪留下的弹洞。

桑塔格决定回到萨拉热窝，在那里待更久的时间。它不仅想做个见证人，还要“参与其中，做点事情”。[28] 在第一次停留期间，她和从事戏剧工作的人员会面，问他们是否希望她下次回来和他们合作。有人询问她要导演什么戏剧，她当场做出决定：《等待戈多》。她认为，虽然这出戏剧“创作于 40 年前，但似乎就是为萨拉热窝而作，讨论的就是这座城市的境遇”。[29] 7 月，桑塔格回到萨拉热窝。在以后的 3 年里，她每年都到访此地，有时候一待就是几个月。这次她待的时间比较长。在选定了演员之后，她便开始指导戏剧的排练。她下榻于假日酒店，那里住满了来自世界各地的日报社和周报社的战地记者。纯属巧合，《等待戈多》的排演引起了媒体的关注。有些媒体对她充满了敌意，怀疑她另有所图，暗示她在利用拍戏的机会提升她的知名度。

与 20 世纪 60 年代的《河内之行》相似——而且更加名副其实——《等待戈多》在萨拉热窝的排演成为一出“政治戏剧”。[30] 通过广泛的传播，它不仅仅是一出戏剧，还变成了行为艺术，成为变相的声明。这是大胆的行动，也许是蛮干，同时也是履行诺言和自我牺牲。对于一个 60 岁的前癌症患者来说，这对她的体力是极大的消耗。她没有义务投身欧洲战区，更何况，从戏剧演出中她得不到任何经济回报。她命悬一线——尽管她自己估计幸存的概率应该不是很糟——她只是遵从自己艺术创作的道义感。也许，这次她心甘情愿和无所畏惧源自于上次罹患癌症时她与死神的放手一搏。从数据上估算，癌症夺命的概率比她这次在萨拉热窝中弹身亡的概率可大多了。“萨拉热窝有35万居民，”桑塔格说道，“每天有10或15人死亡，大约有20人受伤。轮到我头上的概率只有千分之一。”[31]然而，她的人身安全并没有任何保障。

在桑塔格的指导下，《等待戈多》融入了她在其他作品中表现过的主题。桑塔格让那些追求原汁原味地呈现贝克特原作的人们倍感惊愕。桑塔格把她长期关注的主题——语言、交流和夫妻关系这些尤其在她的前两部电影作品和《婚姻手记》（*Notes on Marriage*）中凸显的主题——与这出戏剧关联了起来，使得《等待戈多》完全变成她自己的作品。桑塔格先前导演过意大利语的戏剧《悉听尊便》（*As You Desire Me*），她的两部在瑞典拍摄的电影也带着语言和文化翻译的特征，这都成为其作品主题的一部分。在指导《等待多戈》的时候，桑塔格将英文版的剧本做成影印件，然后把“波斯尼亚语”的翻译逐句抄写下来。她花了10天的时间把演员在剧目中要说的外语翻译背诵下来。[32]桑塔格更为大胆地将戏剧中弗拉基米尔和爱斯特拉冈（Estragon）两部分的表演调整成3对人物出演，即安排6名演员：一男一女；两位女士和两位男士——体现“夫妻主题的三个变体”。[33]两位男士是三对中的核心，是“典型的哥儿们”；两位女士“代表了另一种类型的夫妻关系：眷恋、依赖、恼怒及憎恨的情绪交织在一起，具体体现在年逾40的母亲和已然成年的女儿之间的关系中”；第三对中的一男一女是争吵不休的丈夫和妻子，以桑塔格在纽约大街上亲眼看见的无家可归者的表现为原型。[34]

在排演过程中她们时不时地遇到各种困难。演员只能在三四根蜡烛提供的昏暗的光线下进行演练——在萨拉热窝，蜡烛非常稀缺，连用来固定剧本的纸夹也搞不到。因此，演员几乎看不到对方，更不用说把台词看清楚了。整座城市已经被围困了好几个月，他们疲惫不堪，城市周围炮弹的爆炸声也让他们分心。演出用的道具——拉克的手提箱和野餐篮，波佐的烟斗、鞭子和绳子，甚至爱斯特拉冈的胡萝卜，以及演出服装都很难搞到。桑塔格决定只演出第一幕，将整个第二幕全部删除。这样安排的部分原因是剧院的条件不允许：一年前剧院遭到炮击，剧院的正面、大堂和衣帽间依然到处是残瓦碎片，而且正值仲夏时节，剧院却不能为观众提供饮用水或者盥洗室，他们会热得受不了。通过对戏剧的剪裁，桑塔格也希望减轻人们在观剧过程中体验到的绝望——在萨拉热窝，人们也许无法忍受重复体验戈多久等不来的绝望。尽管困难重重，戏剧还是在 8 月得以上演，剧院里座无虚席（免费观剧）。到了开演后的第二天（第三场）演出的时候，桑塔格感觉到演员们已经能够很好地驾驭这出戏剧了。

在接下来的两年里，桑塔格依然往来于纽约和萨拉热窝之间。1995 年的夏天，她已经无法通过萨格勒布市乘坐飞机进入萨拉热窝，她只好利用伊格曼山间的一条危险的小道从陆上进入。不过到了 11 月，联合国的飞机再次可以在萨拉热窝降落。她一直投身萨拉热窝的工作，直至交战方停火并答应结束战争。然而，出入交战区域的行程让桑塔格产生了日益强烈的疏离感，每次回到纽约都带给她某种不真实的感觉。1993 年 7 月，莱柏维兹也去了萨拉热窝，这让情况有所缓解：她拍摄了一些精彩的照片，因此直接了解到那里的真实情况。可是，苏珊的其他朋友却不知情，这让她意识到类似的人生经历带给人们的挫败感：“你无法对他们真正地讲清楚，不管你是想说明‘那里’有多么可怕，还是你想说明回到‘这里’感觉有多么糟糕。”[35]

在这几年当中，桑塔格也有过其他的行程，不是置身苦难和战争，而是去追寻美好。桑塔格给莱柏维兹出了主意，建议她的下一部摄影集要拍摄成一本“美的画册”，莱柏维兹对此写道，这“在某种程度上是苏珊和我外出旅行的一个借口”。[36] 1994 年，莱柏维兹（和桑塔格）带着《康迪纳仕旅人杂志》（*Condé Nast Traveler*）的拍摄任务前往约旦——这一直是苏珊想去的地方——探访位于佩特拉的考古遗址。在瓦迪穆萨的时候，她们在寺院附近的一个山洞里生了篝火留宿。几天之后，他们乘坐热气球飞翔在沙漠的上空。苏珊兴致很高，那是她最欢快的时刻，莱柏维兹下了热气球后她又单独飞行了一次。第二年，她再次对日本产生了浓厚的兴趣，又去了日本的京都。

莱柏维兹打算在纽约州的北部地区购买一处乡村地产，最终在哈得逊河附近的莱茵贝克找到了一处面积 200 英亩的地产，是一座带着谷仓的复式建筑，房子已经年久失修。她在 1996 年买下了这处地产。鉴于对谷仓的修缮工作正在进行，桑塔格和莱博维茨先搬进了池塘边的屋子，后来这里成为苏珊写作的地方，尤其是在她创作下一部小说的时候。这本小说又是对过去的大肆借用：基于女演员海伦娜・莫杰耶夫斯卡（Helena Modrzejewska）的人生经历展开，她的艺名是海伦娜・莫杰斯卡（Helena Modjeska）。经过 20 世纪 90 年代的长期努力，这部小说《在美国》终于完成。小说的创作从 1993 年就已经开始，但是几年之后才得以脱稿。《火山情人》所取得的巨大成就让苏珊对现在的创作感觉信心不足。她清醒地意识到，要达到《火山情人》的水平，她必须再次全身心地投入到创作中去。

桑塔格重拾历史小说的写作。这一次，她对历史小说的驾驭更为娴熟。不过，这次她进行了深入的研究，借用了大量的史实。桑塔格写道，《在美国》的写作也深受现实生活中真人真事的“启发”，“不少也不多”。“小说中大部分的人物是虚构的。那些非虚构的人物皆有真实生活中的原型，只不过以极端的方式进行了重塑。”[37] 在标题为“零”（*Zero*）的小说序章中，桑塔格让我们站在小说大师的角度选择她要书写的主题。她说，作为不速之客，她闯入一场在克拉科夫市的一间屋子里进行的聚会。情况渐渐明朗起来：戏剧演出结束后人们在这里举行晚宴。事件发生在1875年12月。用心倾听他人谈话，观察在座各位的这位“外国来的客人”[38]，即这位当代作家——显然就是桑塔格本人，尽情地讲述了她的过往。她提到了她和菲利普·里夫的婚姻、她在萨拉热窝度过的时光、她在洛杉矶度过的童年，以及她在极为有限的条件下的艰难度日——她见到了她要写的人物，但是还不知道他们是谁，也不知道他们是干什么的，更不知道他们之间是什么关系，她不大能听清楚他们在讲什么，甚至听不懂他们说的语言。然而，她被这些一瞥之间未能看得清楚的人物所吸引，为他们而着迷。她勇敢地和他们一起踏上了一段行程，可是历史令她头晕目眩。

要讲的故事太多了。很难说清楚为什么要讲这个故事而不去讲那个故事。这准是因为如果选了这个故事你就觉得可以讲许多的故事，讲这个故事有其必要性……因此，这和坠入爱河有一比。[39]

和《火山情人》一样，《在美国》是另外一个关于外国人的故事，是另外一段三角恋情。但是这一次，小说叙事关注的焦点是女主角，显然桑塔格是其原型。小说围绕海伦娜——小说中名为玛丽娜·扎莱佐夫斯卡（Maryna Zalezowska）——展开叙述。在波兰玛丽娜在戏剧表演方面已经功成名就。可是1987年，她和丈夫卡洛·查波斯基伯爵（小说中名叫波格丹）、她的儿子、迷恋她的年轻作家夏德以及其他的朋友一起移民到加利福尼亚州的阿纳海姆。受傅立叶思想的启发，他们建立了自己的农村公社，追求在波兰难以实现的“毫无拘束的自由”。[40]他们竭尽全力保持他们的“天堂”正常运转。

可是事与愿违，公社解散后玛丽娜又做起了戏剧演员。她重整旗鼓，取了艺名玛丽娜·扎伦斯卡（Marina Zalenska），在美国巡游演出。她名声大噪，最终和明星埃德温·布斯（Edwin Booth）同台演出。

这个故事让桑塔格着迷。其中的有些因素是明摆着的，有些因素虽然不容易看出来，但是和她关注的话题及她过去的人生经历相契合。有个想法深深地吸引着她：从《火山情人》中艾玛·汉密尔顿的表演元素拓展出去，写一本有关一名女演员的小说，更为深入地探讨她在19世纪的人生舞台上展开的职业生涯。在小说的序章《零》中桑塔格坦言，她最初想写一本以萨拉热窝为背景的小说（《在美国》的献词为"献给身处萨拉热窝的朋友们"）。尽管她放弃了这个构想，但是在刻画小说人物的时候她借用了最近在东欧导演戏剧的经历。更具深意的是，桑塔格在这部小说中对她的家族根源进行了探究。小说的背景一开始设在波兰，这是她的祖父母生活过的地方，她只是简短地访问过这个国家。在对加利福尼亚进行描述的时候，小说也触及到了桑塔格的童年生活。正如她后来所写，小说中的波兰移民抵达阿纳海姆，他们走进空旷的沙漠，这时"我借用了童年记忆中孤身走进亚利桑那州南部沙漠时的情景"[41]。桑塔格不只是凭借记忆进行创作，为了给《在美国》搜寻写作素材，她还亲自回到了加利福尼亚，去追寻小说人物去过的地方：这是对青年时代的自己的回访，一直以来她拒绝接受那段生活。

《在美国》再次见证了桑塔格将评论和叙述融为一体的写作风格，故事从头到尾植入了诸多富有哲理的观点陈述和许多旁生的枝蔓。小说频繁改变叙述形式，就像是在书写真实的生活——桑塔格对书信的讲述或者对人物日记中的引用近乎内心独白——精心营造出一种令人敛气凝神、激情满怀的引人入胜的叙事效果。在对人物的各色表现进行刻写的时候，叙述的焦点迅速转换，呈现出一系列不同的情绪感受和气质类型。桑塔格施展出她全部的艺术创作（和表演）才华，让书写服务于小说中的人物。在创作过程中，她一半真实一半扮演，或者说压制不住想要表演的冲动。随着年纪的增长，她越来越把自己早期写的好文章看作是一种表演——这是个好办法，有助于理解那些文章的多样性。只不过现在她在小说创作中也在进行表演。她的笔下那些来自波兰的角色在美国进行冒险，她们“似乎毫不倦怠——我发誓要向他们学习，还要代表他们”。[42]

再次出发的主题弥漫着整部小说，这也是移民话题的本质要求。60 多岁的桑塔格从《在美国》中也看到了自己作为小说家笔耕不辍和再次出发的毅力，小说中的人物也是从头再来。在一封玛丽娜从美国发出的信件中，她表明拒绝接受宿命论的观点——那是波兰人悲观的历史论调，否认改变的可能性，否认能够彻底改变自我，坚信“不论怎么变化我们都是囚徒”。[43] 玛丽娜在美国的确改变了她的生活，一旦她在自己选择生活的国家重操旧业，回到舞台，就感觉“像是一场冒险，像是离家出走……她要卷土重来，再次和命运并肩前行，这让她强烈地感觉到她从未迷失过方向”[44]。这也是桑塔格写作《在美国》时的感受，或者说是她想要的感受。再次出发的主题将这部小说和她的其他有类似创作倾向的作品关联了起来，这种倾向始于她最早的日记。甚至在洛杉矶图森镇的时候，当时只有十几岁的她就向自己承诺要当一名作家，并且为此奋斗不息，不断创新。她总是通过写作来克服自身存在的弱点，借此驾驭自己的命运，从而获得一种更为深刻、理想的自我意识。桑塔格说：“我写作的部分原因是为了改变自我。”[45] 在后来写的一篇文章中，她郑重其事地说道，写作必须“提醒我们自己，我们有能力做出改变”。[46]

然而，小说《在美国》中表现的重生来之不易。在小说开场的时候，玛丽娜已经不再年轻，她身心疲惫，而且疾病缠身。移民美国举步维艰，障碍重重。小说整整一半的内容在讲述他们在阿纳海姆建立公社的努力，而这都以失败而告终。正是这次失败让玛丽娜重新回到了舞台。她得重新开始，白手起家。而在面试的时候，加利福尼亚剧院的经理对她并不看好。重新开始意味着无所依靠，把过去的一切抛在脑后，这对一个人的精力、意志和精神都是巨大的考验。重生带来自由，但是代价高昂。桑塔格自己的人生以及写作生涯让她明白从零开始意味着什么。玛丽娜成功了，其中不乏艰辛和悲伤。桑塔格整个一生都在实践从头开始的艺术：从人生的低谷中振作起来，一次又一次，直到习以为常。她把自己的弱点变成了优点，反反复复，直到优点几乎变成了缺点。

小说《在美国》的写作也费尽了周折。直到 1998 年，桑塔格才最终找到解决问题的办法——她去了意大利的巴里，将自己与外界隔绝起来，一心扑在小说写作上。巴里是她年轻的朋友兼翻译保罗·迪罗纳多（Paolo Dilonardo）的家乡。后来她告诉儿子，她已经意识到小说该如何收场。她记得当时自言自语道：“现在，没有什么可以阻挡得了我。”[47]几天之后，依然在巴里，她感到身体浮肿不退，而且开始尿血。她马上明白自己又病了，而且极有可能是癌症。可是，她依然待在巴里，写完这部小说之后才回到纽约。同年 7 月，回到美国的她去做检查，检查结果显示她患有子宫肉瘤。

桑塔格已经 65 岁，这是她第二次罹患癌症。她再次陷入疾患的世界：化疗、医院，和其他病人的谈话令她痛苦不堪。在芒特西奈医院接受治疗期间，莱柏维兹把她生病时的情形记录了下来。莱柏维兹放下手头的一些工作，每天都来陪伴桑塔格。恋人为她拍摄的这一时期的照片清楚地显示，她一定感觉到自己依附于他人，内心准是充满了恐惧。化疗让她感觉思维混乱，萎靡不振，而且对她的神经也造成了损伤，以至于她走路困难——在以后很长的一段时期里，她都处于这种状态。不过，她再一次从癌症中挺了过来。

小说《在美国》共有9章，癌症发作之前她就已经写完了前8章的内容，而且反复做了修改。[48]癌症治疗期间和之后的一段时期里她无法工作，一想到几近完成的小说她就感到“绝望和恐惧：恐怕再也无法完成这项工作了”。[49]不过，她的健康在恢复。20世纪就要结束，她又能够开始工作了。生病期间，她的头发剪得很短，她再次生活在病魔的影子里。但是，一旦能够工作，她的日程表又安排得满满当当。小说的最后一章是桑塔格的大手笔：莎士比亚的《威尼斯商人》（*The Merchant of Venice*）的演出结束了，“垮掉的悲剧演员”[50]埃德温·布斯对玛丽娜说了一段似是醉话、磕磕绊绊、曲曲折折的戏剧独白。这样的小说结尾又回到了桑塔格新近尝试过的现代主义风格，这给整部奋发向上的小说叙事蒙上了阴影。凭借着演员的多重身份，布斯对玛丽娜说：“最后一幕必须采用突降法，你不这样认为吗？”这是古怪的悖论，也是自我辩护。“人生也是如此。人变老就是衰退。如果你够幸运，死亡就是突降。谁又会指责一出戏剧没有在高潮时刻结束呢？”[51]跟她的女主人公一样，桑塔格顽强不屈，毫不动摇，她以这种巧妙而出乎预料的方式结束了对小说《在美国》的讲述，给高涨的小说叙述泼了一盆冷水。1999年末，她马不停蹄，对小说文稿进行反复校对。

注 释:

1. David Van Biema, 'Annie Leibovitz, Face to Face: The Eye of Annie Leibovitz', *Life* (1994 年 4 月 1 日)。引自 Carl Rollyson 和 Lisa Paddock 合著的 *Susan Sontag: The Making of an Icon* (New York, 2000), p. 280.
2. Annie Leibovitz, introduction to *A Photographer's Life, 1990–2005* (London, 2006), n.p.
3. Leland Poague, ed., *Conversations with Susan Sontag* (Jackson, MS, 1995), p. 264.
4. Leslie Garis, 'Susan Sontag Finds Romance', 选自 *New York Times* (1992 年 8 月 2 日), pp. 20–43.
5. Tom Shone, 'Side by Side by Sontag', 选自 *Sunday Times Magazine*(1992 年 8 月 2 日), pp. 44–45. 引自 Liam Kennedy, *Mind as Passion* (Manchester, 1995), p. 119.
6. 参见苏珊 · 桑塔格接受采访 : *Paris Review*, 137 (1995), pp. 177–209.
7. 桑塔格的 'A Parsifal' 参阅 Trevor Fairbrother 的 *Robert Wilson's Vision* (New York, 1991), pp. 19–27. 另外一个略有不同的版本刊印在 *Antaeus* 上, LXVII/3 (1991), pp. 180–185.
8. Susan Sontag, *Alice in Bed* (New York, 1993), P. 114.
9. Ibid., p. 117.
10. Ibid., p. 84.
11. Ibid., pp. 30, 117.
12. 参见杂志采访稿 *Paris Review*, pp. 177–209.
13. Karla Eoff, 'The Intellectual's Assistant', *Blip Magazine* (2011).
14. Sigrid Nunez, *Sempre Susan* (New York, 2011). p. 23.
15. Harvey Blume, 'The Foreigner', *The Atlantic* (2000 年 4 月 13 日) .
16. Susan Sontag, 'A Double Destiny: On Anna Banti's Artemisia', 出自 *At the Same Time* (London, 2007), p. 55.
17. Susan Sontag, *The Volcano Lover: A Romance* (New York, 1992), pp. 3–4.
18. Ibid., pp. 19, 131, 132, 351.
19. Garis, 'Susan Sontag Finds Romance', pp. 20–43.
20. *The Volcano Lover*, p. 296.
21. 参见杂志采访稿 *Paris Review*, pp. 177–209.
22. *The Volcano Lover*, p. 419.
23. Ibid., pp. 418–419.
24. Susan Sontag, 'Singleness', 出自 *Where the Stress Falls* (London, 2003), pp. 261–262.
25. Susan Sontag, 'About Hodgkin', 出自 *Where the Stress Falls*, pp. 151, 153, 160.
26. Ibid., p. 159.

27. Poague, ed., *Conversations with Susan Sontag*, p. 269.

28. Susan Sontag, 'Waiting for Godot in Sarajevo', 出自 *Where the Stress Fails*, p. 299.

29. Ibid., p. 300.

30. Susan Sontag, 'Trip to Hanoi', 出自 *Styles of Radical Will* (London, 2009). p. 214.

31. Poague, ed., *Conversations with Susan Sontag*, p. 269.

32. 'Waiting for Godot in Sarajevo', p. 306.

33. Ibid.

34. Ibid., pp. 311-312.

35. Susan Sontag, '"There" and "Here"', 出自 *Where the Stress Falls*, p. 324.

36. 参见 Annie Leibovitz, introduction to *A Photographer's Life*, n.p.

37. 参见 Susan Sontag, *In America* (London, 2001), copyright page.

38. Ibid., p. 23.

39. Ibid., p. 27.

40. Ibid., p. 65.

41. Susan Sontag, 'Writing as Reading', 出自 *Where the Stress Falls*, p. 266.

42. *In America*, p. 14.

43. Ibid., p. 123.

44. Ibid., p. 229.

45. Poague, ed., *Conversations with Susan Sontag*, p. 130.

46. Susan Sontag, 'The Conscience of Words', 出自 *At the Same Time*, p. 154.

47. David Rieff, *Swimming in a Sea of Death* (London, 2008). p. 72.

48. 'Writing as Reading', p. 265.

49. Ibid.

50. *In America*, p. 374.

51. Ibid., p. 384.

VIII 他人的痛苦（2000—2004）

桑塔格没有放慢创作的脚步。再次患病的经历——第二次经受恐惧和死亡的考验——产生了双重作用。一方面，这带给她莫名的忧伤；另一方面，康复之后她更加热爱生活。她感到来日不多，这更激发了她生活的愿望，想要获得更多的人生体验。她一直说要继续投身到工作中去，尤其是小说创作。对于下一部小说的背景设在何处她已经心中有数：日本。[1]20 世纪 80 年代，她就在计划写一本有关日本的小说，酝酿了如此之久意味着她已经对小说的题材做了部分探究。在前些年，她也去日本旅行了好几次。与《火山情人》和《在美国》相似，这部小说的创作过程也将是对异域国度的进一步探索。从童年开始，桑塔格就痴迷于东方，无法释怀，而且毫无结果，也许这本小说可以了却她的心愿，给她的痴迷画上一个完满的句号。但是，在完成《在美国》的写作之后，桑塔格进入我们所熟知的写作模式——首先写作批评文章，其他的工作被抛在一边。在新世纪的头几年里，她在批评文章的写作方面成果丰硕。她依然从事政治评论，关注世界各地发生的重大事件和灾难，并对其做出回应。

1999 年的下半年，莱柏维兹在华盛顿特区的科克伦美术馆举办了主题为“女性”的摄影展。桑塔格为此次展览写了简介文章《照片不具有观点，是吗？》（*A Photograph Is Not An Opinion. Or Is It?*）。第二年，莱柏维兹决定在巴黎置办一处公寓。桑塔格已经在巴黎度过了太多的时光，但却从来没有一处真正属于自己的栖身之所。一天，莱柏维兹和桑塔格看到了一处外观漂亮但却有些破败的公寓，它正好位于大奥古斯丁码头，又高又窄的窗户正对着塞纳河。对于桑塔格来说，爬上两段楼梯进入公寓不是一件容易的事情。在第二次接受癌症治疗时，她的脚部神经受到了损伤。可是，她和莱柏维兹一眼就看上了这处住所。房子修建于1640年，以前曾是一家印刷店，位置较高，能够晒到太阳。莱柏维兹写道："第二天我们找了回去，告诉屋主我们要买下来。"[2]她们发现，毕加索正是在同一个街区创作了画作《格尔尼卡》（*Guernica*）。

在2000年和2001年，跟以往一样，桑塔格去了不同地方进行演讲、讲学、旅行、读书及写作。她依然在探究诸多外国作家，继续扩展她的国际视野和兴趣。她还在编纂一本批评集《重点所在》（*Where the Stress Falls*），最终于2001年秋出版，收录了她自20世纪80年代早期《在土星的星象下》出版以来写作的文章。它是桑塔格评论集中最为庞杂、万花筒似的著作，囊括了41篇相对短小的文章。这些文章被分成了3个部分：《读》、《看》和《那里和这里》。某种程度上，《重点所在》也反映出《反对阐释》的异质性和多样性。各个单篇文章的主题五花八门，它们并没有打算要集中解决某个主题。不过，在人生的这一时期，桑塔格总体的批评立场是，通过其中的一些批评旗帜鲜明地捍卫"高雅"文化，使其免遭"门口的野蛮人"的破坏。她在讨论丹尼洛·基斯（Danilo Kiš）的文章中写道："世纪之末……文学也遭受了围攻。"这种悲叹贯穿了整部文集的始终。[3]这样一来，从《反对阐释》填平高雅文化与大众文化之间的沟壑开始到现在，她转了完整的一圈后又回到了起点。然而，她的回归有其内在的逻辑，而且她所有的转变都是真诚的，她的思想永远不变的特征是她一直在和自己辩论。20世纪60年代，她在和纽约文化圈内等级森严的保守势力相抗衡。可是，到了 20 世纪 90 年代，桑塔格感觉到整个文化氛围要求人们不能再自行其是，特别是高雅文化受到了威胁，未能得到应有的重视。

在《重点所在》中，桑塔格保持了她一贯的风格，她对一系列创作媒介各不相同的作品了如指掌，并且对它们大加赞赏。这本新书中有一篇题为“三十年之后”（Thirty Years Later）的文章，是对《反对阐释》的重新评估。桑塔格回顾了 20 世纪 60 年代初她来到纽约时的决心：忠实于“我对作家的理解——要对‘万事万物’满怀兴趣”。[4] 这部批评集表明，她没有背离这个理想。《重点所在》最能体现她变动不安的渴求，讨论涉及诸多文艺类型：文学、电影、绘画、舞蹈、戏剧、摄影、政治和旅行。虽然这本论文集并没有提出特定的批评理论或文化理论，但却有一个普遍的主题：旅行——卷首引文和其中一篇文章的标题均来自伊丽莎白·毕晓普的诗歌《旅行的问题》。

桑塔格放下了她早期的批评文章高屋建瓴、力求客观、雄心勃勃的写作姿态。现在，她采取一种漫不经心、更具人情味的方式进行写作，有时，她还会把生活中的零碎心得融入写作。这些后期写作的文章不再是那种充满妙语断言、如挂毯般高悬示人的作品，对早期的膜拜者而言，现在的桑塔格似乎热心于显而易见的事物，这准会让他们大惑不解。可是，桑塔格想要打破以前作品中的声音类型和写作方法，在 20 世纪 80 年代，那种风格的文章已经写得够多了。《重点所在》以其贴近生活的温度和坦诚的写作态度呈现出全新的面貌。从事职业写作 40 多年之后，桑塔格采用更为贴近自己的方式进行写作。她以更为戏谑的方式进行批评，有关舞蹈的文章便是如此，这不禁让人们想起格特鲁德·斯泰因的批评风格。

在《重点所在》中，桑塔格对小说艺术的讨论比以往任何时候都写得多。讨论“阅读”的开篇部分是她迄今为止有关小说讨论涉及范围最为广泛的作品荟萃；《那里和这里》中大部分的文章是对小说写作过程的反思。相较于早期追求新颖的批评，现在的桑塔格更为保守，但是，她依然为极具实验性质的、世界各地的小说家辩护，如博尔赫斯、塞万提斯和斯特恩，尽管他们顽皮的作品处在批评的风口浪尖。桑塔格对英美两国文学仍然不怎么看好。批评集中与书名同一标题的文章是唯一讨论美国小说的，其中提到了格伦韦·韦斯科特 [Glenway Wescott，《穿过原野的雄鹰》（*The Pilgrim Hawk*，1940）]、兰德尔·贾雷尔 [Randall Jarrell，《大学图景》（*Pictures from an Institution*，1954）] 和伊丽莎白·哈德威克 [《不眠之夜》（*Sleepless Nights*，1979）]，甚至那些她多次表示赞赏的美国作家唐纳德·巴瑟姆、琼·迪迪昂（Joan Didion）、威廉·加斯（William Gass）、伦纳德·迈克尔斯（Leonard Michaels）和佩利都没有成为桑塔格评论的写作主题。相反，她的文学批评却囊括了来自世界各地，尤其是东欧的作家，这包括俄国的鲍里斯·帕斯捷尔纳克（Boris Pasternak）、奥斯普·曼德尔斯塔姆（Osip Mandelstam）和玛丽娜·切维塔耶娃（Marina Tsvetaeva），巴西的马查多·德·阿西斯（Machado de Assis），德国（后来移居英国）的 W. G. 西博尔德（W. G. Sebald），波兰的亚当·扎加耶夫斯基（Adam Zagajewski），德国的罗伯特·瓦尔泽（Robert Walser），匈牙利（南斯拉夫）的丹尼洛·基斯，波兰的维托尔德·格木布罗维兹（Witold Gombrowicz）和墨西哥的胡安·鲁尔弗（Juan Rulfo）。

从青春萌动开始，阅读对桑塔格而言就是一种旅行，这种理念一直延续到她人生的最后几年。在《那里和这里》中，桑塔格在一篇有关她热爱的游记作家理查德·哈里伯顿的文章中写道：“在旅行之前——至少我的人生经验如此——首先接触到的是有关旅行的书。书籍告诉你世界很大，无所不包， 到处是令人向往的去处。”[5]

她的阅读就是这些去处的清单：爱上书，也便爱上了那些地方。因此，她热爱外国文学，却对那些忠实记录美国现实的作家菲利普·罗斯或者约翰·厄普代克（John Updike）嗤之以鼻。正如《那里和这里》中的文章所示，旅行越来越成为桑塔格生活的主线，渐渐地，她学会了把在新到的地方感受到的美学之乐与道德关注融合在一起。到访从未去过的国家，阅读来自其他地域的书籍，这对作为作家的桑塔格而言，是她工作的一部分。

这种对异域国家永无止境的好奇在《重点所在》中“看”的部分可见一斑。桑塔格对电影的喜爱，尤其是 20 世纪 60 年代和 70 年代她对电影的痴迷，都与旅行相关，都与了解其他国家和其他领域相关 。现在，正如她在《百年电影》（*A Century of Cinema*，1995）中所写，青年时期对电影的迷恋消退了，而电影本身——“曾一度有人预言它会成为 20 世纪的艺术”——似乎在消亡。[6] 这篇文章行文哀婉，很好地解释了自 20 世纪 80 年代以来桑塔格抛弃电影，不再把它作为批评主题的原因。在《重点所在》中，唯一讨论电影的文章是对雷纳·沃纳·法斯宾德（Rainer Werner Fassbinder）的讨论。这和以前的评论集大不相同， 以前的评论集总有几篇讨论电影的核心文章。对电影的热衷平息了，取而代之的是题材各异的批评和欣赏：讨论日本的木偶戏、园林史、荷兰绘画、霍华德·霍奇金、舞蹈、瓦格纳、意大利摄影、E. J. 贝洛克（E. J. Bellocq）、波莉·伯兰德（Polly Borland）、罗伯特·梅普尔索普，以及安妮·莱柏维兹的摄影展“女性”。 这种折中做法的部分原因在于时间跨度太长，收录了将近 20 年来联系松散的各种序言、作品展简介以及形形色色的评论。

《重点所在》中的一些文章是桑塔格近期的作品，发表在 2000 年和 2001 年的各种期刊上。在这两年里，桑塔格还写了其他一些文章，收录在《同一时间》（*At the Same Time*）中。这是她的最后一部批评集，于 2007 年出版，其中包括对切维塔耶娃、帕斯捷尔纳克（Pasternak）以及里尔克之间往来信件的评论，还有一篇精彩的文章，讨论了俄国作家列昂尼德·齐普金（Leonid Tsypkin）。齐普金创作了《巴登夏日》（*Summer in Baden-Baden*），桑塔格对这本小说进行了详细研究，还和齐普金的家人通了信件。她在信中说（ 这几乎和《火山情人》开场中的情形一样），有一天，在伦敦查令十字街口附近，她在一家二手书店的外面匆匆地翻阅一箱破旧的书籍，恰好撞上齐普金的这部作品。[7]

就在这一时期，刚过 50 岁的莱柏维兹身怀六甲。多年来，她一直想要个孩子。2001 年 9 月，孩子马上就要出生了。月初，桑塔格在柏林呆了 10 天，她原计划要利用 9 月 11 日的全天在柏林市郊进行写作。可是，从巴里和纽约打来的电话告诉她恐怖分子对位于曼哈顿的世贸中心发动了袭击，出事地点与她和莱柏维兹的居所近在咫尺。那天早晨，莱柏维兹去了医生的诊所检查胎儿心动。在紧接下来的 48 个小时里，桑塔格在柏林通过美国有线电视网观看了恐怖袭击及其后果的报道。[8]

她远在天边，对国内她家门口发生的事情大为恼火。于是，关于媒体对这次事件的报道所采用的策略，她给《纽约客》写了一篇义愤填膺的文章，严厉地斥责了美国国人对恐怖袭击所做的回应。桑塔格写道："发生的事件和正确理解事件之间出现严重断裂，实际上，我们所有的公众人物皆在兜售自以为是的胡言乱语和彻头彻尾的欺世谎言……令人瞠目而沮丧。获得批准跟踪事件进展的喉舌似乎也沆瀣一气，加入到这场愚弄公众的战役中来。"[9] 她反对那种对这次灾难冠冕堂皇、脱离历史语境、心理安抚式的新闻报道，它缺乏对美国过去外交政策的清醒认识，炫耀美国国力，威胁要进行报复，却缺乏深思熟虑的民主辩论。当然，她的文章激起了强烈的反对和批评。时机欠佳，这还不是拷问民族良心的时候。她无法摆脱美国人的秉性，激烈的言辞之下反美的倾向呼之欲出。她从来都不能接受美国，就连美国文化也接受不了。作为一名文艺批评家、小说家、电影创作人、戏剧作家，她常常避免选用有关当代美国的主题。然而，她的许多政论和论辩性的文章却直指她的祖国。

几周之后，她给意大利的《宣言报》(*il manifesto*)写了一篇文章，折射出桑塔格对整个事件更为深入的思考，透露出更多的同情，她几乎对自己的行为感到懊悔。在她急匆匆地对“9·11”事件发表了一通“抨击”之后，她写道：“真正的悲痛时有时无，当一个人远离丧失亲人的现实，他也就无法真正地体验到其中的悲痛。事情总是这样。”[10]（也有可能她说的是失去自己的父亲之后似真似幻的感觉，即使到了晚年，她也经常有这种感受。1998年，她聘请了一名研究人员去寻找杰克·罗森布拉特的坟墓。[11]）桑塔格写道：

第二周，回到纽约时已是深夜，我直接开车从肯尼迪机场去了事发现场。实在不能往前走了，便花了一个小时的时间步行，小心翼翼地四下里查看。现在，这里只留下个乌烟瘴气、恶臭满天、山丘一般巨大的坟场，方圆六公顷，堆积在曼哈顿的南部。回到纽约的前几天，满目疮痍的现实景象以及失去生命的沉重感让我感到，我最初关注的焦点——围绕整个事件进行报道的策略显得不再那么重要。[12]

桑塔格还与莱柏维兹一起参观了世贸遗址。她在发表在《纽约客》的文章中写道，她注意到发生的事件与事件的报道方式之间出现的“断裂”，她也强烈地感觉到在德国时她对事的判断和她站在废墟之上的情绪反应之间的断裂。所有这些冲突的思绪贯穿于她构思写作《关于他人的痛苦》的全部过程。和她的许多批评集一样，这本书也是部分源自于她在认识方面的自我纠错。不过，在接下来的几个月里，至少到了年底的时候，桑塔格的心思转移到了令人愉悦的新生命身上——2001 年 10 月 16 日，安妮·莱柏维兹在纽约的罗斯福医院生下了莎拉·卡梅隆·莱柏维兹（Sarah Cameron Leibovitz）。生产的时候，苏珊就在安妮的身边。莎拉刚一出生，苏珊就把她捧在手心里，把她裹进襁褓。1952 年 9 月，苏珊产下了大卫，那年她 19 岁。50 年过去了，这次有所不同，她在生命的尽头有机会再次怀抱一个新生的婴儿。

次年，桑塔格偶尔写点文章，大部分时间里她在写作《关于他人的痛苦》，这是她最后的一本专著。她做了大量的资料搜集和研究，将笔记和剪报按照不同条目进行归类："战争与摄影"、"战争 2003"、"冷漠与残暴"。[13] 写这本书的时候，美国在"9·11"之后发动的"反恐战争"正在迅速推进，美军入侵了阿富汗和伊拉克。在这本书开篇的几页里，桑塔格详细谈到了另外一本在世界冲突爆发初期写作的书籍：弗吉尼亚·伍尔芙的《三个基尼金币》（*Three Guineas*）。她注意到伍尔芙的这本书出版于 1938 年 6 月，展示了"她的勇敢，以及她对战争根源的反思——尽管不受欢迎"。[14]

《关于他人的痛苦》是桑塔格的又一部文化批评专著，是对《论摄影》的进一步拓展，主题是人们凝视表现苦难、死亡和战争的影像时所面临的困境。在这一点上，桑塔格回到了她写作的核心主题——伦理与美学的互动。这也是她对超现实主义风格的激进并置的又一次探究，是对经由媒体报道而产生的种种脱节的进一步讨论。和以往一样，桑塔格从她身边的人那里获取写作的滋养：战争和摄影这两个主题与摄影师莱柏维兹拍摄照片的工作以及战地记者大卫写作新闻稿的工作紧密关联。这本专著涉及不同的历史时期，大部分的张力存在于书页之外，存在于讨论的内容回应了写作本书时特定的历史时期所提出的迫切需求。这本著作本来只是对艺术作品进行历史或伦理的研究，但结果却具有了不可辩驳的紧迫性。这是因为它对 21 世纪初期影响美国公民日常生活的事件进行了讨论。以美国公民的名义发动的战争在继续，报纸和电视频道充斥着对战争的报道。这和几十年前桑塔格在写作《死亡之匣》时的情形一样。

桑塔格写道："旁观另外一个国家正在发生的种种灾难是现代人典型的经历。"[15]《关于他人的痛苦》表明，虽然这是现代人的状况，却也是一个古老的难题。人们对表现疾苦的图像的渴望根深蒂固。与《论摄影》类似，桑塔格的这本著作非常敏锐地填补了战争报道的历史空缺，讨论了它不断变化的真实性、审查制度及各种媒介的使用。克里米亚战争、美国内战，实际上直到第一次世界大战的每一场战争大部分是在"摄像机的镜头之外"发生的，尽管其中并不缺乏伟大的摄影师，比如罗杰·芬顿（Roger Fenton）和马修·布雷迪（Mathew Brady）。[16]即便是第一次世界大战的影像，总体上来说也是对战争后果的反映，而不是对战争本身的表现。桑塔格写道，战地摄影师"报道"的第一场冲突是西班牙内战——确切地说，就在 20 世纪 30 年代晚期，通过一台相机见证战争极其残暴成为一门职业——越南战争则是"第一场通过电视录像机日复一日进行拍摄的战争"。当时，拉里·布伦斯（Larry Burrows）在越南为《生活》（*Life*）杂志工作。他是"第一个对战争进行彩色拍摄的摄影大师"。[17]

桑塔格还对表现苦难的图像进行追根溯源，对 16 世纪到 20 世纪的各种版画作品展开讨论，其中包括亨德里克·戈尔齐乌斯 [Hendrik Goltzius，《恶龙吞食卡德摩斯的伙伴》（*Dragon Devouring the Companions of Cadmus*, 1588）]、雅克·卡洛 [Jacques Callot，《战争的苦难与不幸》（*The Miseries and Misfortunes of War*，1633）]

以及弗朗西斯科·戈雅[Francisco Goya，《战争的灾难》（*The Disasters of War*, 1863）]。在桑塔格看来，戈雅的83幅系列版画通过对战争暴行的呈现旨在“唤醒、震撼和刺伤”，“对观者的感官发起攻击”。它标识出“道德情感史上的一个转折点”，对人们观赏画作的回应提出了新的要求，唤醒了观者沉睡的意识。[18]

在《关于他人的痛苦》中，桑塔格表达的深层主题之一还是关注。通过对战争摄影的讨论，桑塔格的焦点是训练读者对战争和权力的认识；或者换个角度，就艺术引发观赏者的想象和同情而言，桑塔格认为特别要关注的是摄影和电视“新闻”的结构造成人们的曲解和同情心的缺位。她在讨论中大量借用了自己身处战争肆虐的萨拉热窝时的经历，以及她最终回到纽约时的感受。这一切让她懂得，尽管通过美国有线电视网，媒体把萨拉热窝人民遭受狙击枪杀害的事件在每天晚上都传送到了美国人民的起居室，可是美国民众的心里根深蒂固的观念是冲突离他们很遥远。人们根本不在乎战争，或者对其根本不理解。虽然不曾明说，桑塔格还是借鉴了近期“9·11”事件过程中她自己的情绪感受，以及新闻媒体对阿富汗战争和伊拉克战争的报道。所有这一切让她明白置身苦难现场的重要性。她对认为现实本身已经消形遁迹，只存在于媒体中的“现实之死”的种种理论大加痛斥，认为这种看法是“令人瞠目的坐井观天”，否认了世界上许多其他地方苦难肆虐的种种现实——它们总是比媒体传播的苦难更为深重。[19] 她想弄明白，在传达他人痛苦的时候，是否文字叙述比影像更具有深度，是否照片比电视更具有深度。自从20世纪60年代以来，她对电视持有极其强烈的反对态度。在这一点上，她有时候表现得既保守又顽固。无论如何，桑塔格和其他一些作家一道，最早认识到电视巨大的影响力，认识到媒介对情感、反讽（她的反讽总是不合时宜，一本正经，也从来不会轻描淡写）以

弗朗西斯科·戈雅系列作品《战争的灾难》(*The Disasters of War*)中的22号版画《甚至更糟》(*Even Worse*，创作于1810年，发表于1863年)。

及人们的理解产生的严重影响，这些成为美国新生代作家写作的核心主题，其中最值得一提的是大卫·福斯特·华莱士（David Foster Wallace）。

只有去除媒介，拒绝再现，我们才能够完整地感受他人的痛苦。但是，桑塔格写道，想要承认苦难并对现存的苦难记录进行深思就得担负起道德义务。想要理解人世间有多少疾苦，想要衡量人们有多么冷漠和堕落，这是一种道德教育，其本身就令人痛苦不安。桑塔格断言："到了一定的年龄，谁也没有权利继续保持这种天真和肤浅的认识，仍然处于无知或者健忘状态。"桑塔格修正了她在《论摄影》中的主张，认为浸淫在苦难的影像之中会削弱其原有的效果，使我们比以往任何时候都冷漠。在对苦难进行详细探讨之后，她得出了艺术无法传达这种社会现实的结论。"我们还是未能真正理解它。我们真的无法想象它实际的样子——战争到底有多么可怕，而它又是如此司空见惯，"桑塔格总结说，"那正是每一位亲历战火考验的战士、记者、救援工作者、独立观察员……挥之不去的感受。他们说得太对了。”[20]

《关于他人的痛苦》于2003年初出版。1月份的时候，桑塔格为自己庆祝了70岁的生日。冬天，她和安妮及莎拉（当时1周岁）到巴哈马海港岛度假。整个2003年，桑塔格没有中断工作，她在写几篇文章和一本以日本为背景的小说。现在，她已经承诺自己还要再出一本批评集——“我的最后一部”。[21] 2004年初，在《关于他人的痛苦》的基础上，桑塔格写作了她一生中发表的最后一篇重要的文章《关于他人遭受的折磨》（*Regarding the Torture of Others*）。这篇文章讨论了阿布格莱布监狱的虐囚照片，对当下21世纪战争摄影的新动向进行了反思：战争摄影的民主化既颠覆认知又令人不安。

在过去，对战争进行拍摄是摄影记者的专属领域；而现在，士兵们都成了摄影师——他们记录自己经历的战争、他们的乐趣、他们眼中的美、他们的暴行——并在他们之间分享这些照片，还通过电子邮件将其传播到世界各地。

“这些照片呈现的是我们。”桑塔格毫不客气地写道。她不仅在指责拍摄照片的那些人，还在普遍意义上指责美国文化。[22]

桑塔格总是对新技术保持着清醒的认识，她指出了新世纪的美学倾向——“人们越来越多地记录自己的所作所为”[23]——并把这和安迪·沃霍尔联系了起来。许多年前，沃霍尔在《试镜》系列中曾经拍摄过她。在她生命快要结束的时候，桑塔格越来越多地思考这样一个问题：在新的数码时代，这种无止境的记录和传播会对艺术尤其是小说产生怎样的影响。自从写作《反对阐释》以来，桑塔格就一直是一位以反对姿态示人的作家。现在对她来说，主要的危险不再是阐释，而是信息。2004年3月，她到南非去讲学，为小说辩护，批判了超文本和电视。她尤为赞赏小说以一种巧妙的方式带给人们完满、终结的感觉，这与从电视和网络中获取永无止境的信息流很不一样。

桑塔格认为："一部小说不是一整套建议，不是议事日程的清单或荟萃，也不是（毫无限制、可以修改的）行程安排，它是旅行本身——走过了，体验了，完成了。"[24]她费尽周折才领会到这一点。她比任何人都偏爱多样性和可能性。尤其是她的批评文章和日记，里面充满了各种各样的清单和整套建议。她把人生中最美好的时光拿来学习如何在线性叙事中克制自己的冲动，不要把探究新知识的路径应用其中。她一直在前行，采取新的立场，探索新的艺术领域，研究新的作家，尝试新的艺术形式，这使得她的批评新颖而迷人。她的所有作品都相互交叉，从一种艺术门类进入另一种艺术门类。她并不认可自己身上具备的某些才华——她首先否定的就是她的批评才能。但是最终，她所有的作品又内在地关联在一起。如果她不是个批评家，她也就不会是目前这样的小说家；如果她不是个小说家，她也就不会是目前这样的批评家。如果她没有评论过电影，她也就不会制作电影；如果她没有导演过戏剧，她也就不会写出这样的戏剧。她的小说常常像批评，她的电影像戏剧，她的批评像表演。她把一种艺术门类融入另外一种艺术门类，她从一个国家或文化转换到另外一个国家或文化——她总是精于此道。她将艺术形式和风格发挥到了极致，从每件事中都能有所收获。

正如韦恩·科斯特鲍姆（Wayne Koestenbaum）所言，桑塔格

将世界吃进了肚子……吞下了种种感受、各种艺术门类以及形形色色的理念。她吞下了政治运动和美学运动，也吞下了众多的角

色：外交使者、电影制作人、时局鞭挞者、小说家、“牛虻”、散文家、“夜猫子”、藏书家、电影迷……她试图要证明人的一生——作家的一生——可以知多宽，行多远。与沃尔特·本杰明一样，她沉醉于世界的多姿多彩。[25]

不过，71岁的桑塔格在思考有关结局、排除以及接纳这样的问题。跟往常一样，她仍然在思考新的写作计划。她在讲学的时候宣称，小说的结局相较于超文本和电视，几乎就是小说的命门。结局带给人们边界感，它将故事圈了起来，这至关重要。然而，对作家来说，要真正达到一个令人感觉自然的结局很难。她写道：

对情节的建构包括找到稳定的时刻，然后衍生出新的叙事张力以打破这种稳定，直到叙事的发展抵达结局。我们所说的一个“恰当的”小说结局指的是再次达到平衡状态，如果安排得当，这种平衡将是一种极易辨识的不同状态。它（这种结局）将说服我们故事中任何难以处理的各种张力已经得以充分解决。这些张力已经失去原有的动力，无法进一步催生更多有意义的变化。所有的张力都被结局收拢，结局封存了一切。小说的结局带给我们一种解脱，一种生活无论如何也不愿给予我们的解脱：是彻底结束了，但是这个结束不是死亡……[26]

写下这些话的时候，她知道——哪怕是在潜意识里——死神在向她靠近吗？近几年来，桑塔格一直在关注他人的痛苦。她的近期作品中的道德批判意味着她依然牵挂着其他人，她抬眼向外，观察外部的世界，而不是目光向内，检视自己的生活和健康。但是，自从第二次罹患癌症以来，她自己也遭受着病痛的折磨。到了这一阶段，在 2004 年初，虽然她依然在写作，她的病情却已经相当严重，但她也不知道自己的病情到底如何。据大卫·里夫讲，苏珊的身体已经出现过好几次严重的问题，就在前一年，她就查出患有胸膜炎和肺萎缩。她的管家注意到她经常会有瘀伤出现，瘀伤的部位表明这不是意外擦伤。若是有人问起她怎么回事，她总是转移话题。尽管她经常向大卫和保罗·迪罗纳多袒露心迹，可是，有关瘀痕的事情她对谁也没说过。

2004 年 3 月，也就是她在开普敦讲课的同一个月里，苏珊去检查身体，这是一年两次的例行检查：仪器扫描和验血。其中的一项验血结果非常糟糕。3 月份的大部分时间里，大卫待在耶路撒冷和约旦河西岸，他在为一本杂志上要发表的文章进行实地考察。3 月底，他回到纽约，苏珊告诉他自己可能又得生一场大病了。大卫陪同苏珊到医生那里咨询有关检查结果的情况。医生告诉苏珊她患有 MDS 或称骨髓增生异常综合征，也就是血癌，病情如果全面爆发，最终会发展成为白血病。这根本没有康复的希望，医生也束手无策。和大卫回家的途中，苏珊一直盯着车窗外，保持着可怕的、令人局促不安的沉默。终于，她将目光转向了大卫。“天哪！”她开口说道，“天哪！”[27]

苏珊从不相信命运，至少在拿到诊断结果后最初的几天里，她拒绝接受可能已经心知肚明的现实。她总是对束手就范嗤之以鼻，即使她面对的是病魔，她总是要搞个明白，一定要找到最好的治疗方法，在病魔面前毫不动摇，正是这样的品质让她从两次癌症的威胁中挺了过来。这是第三次，她下定决心不要被这次病魔击败。从医生那里回来，她就开始搜索信息以了解病情。对此她已经习以为常。但是，这次搜集到的信息不容乐观。得到的信息越多，她越是意识到希望有多么渺茫。可是她还在坚持，倔强地坚信她会康复，会回到她热爱的生活中来，这种信念几乎持续到死亡降临的那一刻。她以自己根深蒂固的方式拒绝承认死神的到来。

在大卫·里夫写的回忆录《畅游于死亡之海》（*Swimming in a Sea of Death*）中，他谈论到母亲最后一次患病的情况，反复回到2004年发生的一切。里夫写道，“从A医生那里回来后，我的母亲唯一能做的就是绝望”，但是“总是满怀希望的习惯占了上风”。苏珊振作起来继续前行。她拒绝接受“结局”来临的感觉，并不认为“张力”已经完满解决，这是她最近大加赞赏的小说的核心特质；相反，她沉迷在对她来说总是手到擒来、无穷无尽的可能性中，沉迷在总是可以重新开始的幻想之中，站在全新的开端，重新点燃新的希望。现在，她有3个不同的写作计划：第3本有关疾病的、自传式的专著，她的“最后”一部批评集，她的日本小说。尽管如此，这次发病的前几周里，她要么情绪高涨、极度亢奋，要么情绪犹豫、困乏嗜睡。“她在屋子里来回踱步，似乎拿不准她身在何处……现在，她表现得似乎不是在进入疾患的王国，而是要进入死神的国度。她心里明白。在最初的日子里，她自己心里明白。”[28]

里夫在他的回忆录中说道：“生活下去，也许那就是她面对死神的方式。”他总是谴责自己，他认为自己和母亲串通一气，未能正视死神来临的现实，这对里夫来说有些残酷。[29]苏珊不想和大卫讨论即将来临的死亡。大卫很纳闷，苏珊表现得似乎生活在照常进行。里夫的回忆录忽视了——自然地、盲目地、令人心酸地——苏珊不说出真相可能是在尽力不让儿子为她担心，或者她希望和儿子携起手来，共同抗拒急剧到来但却因为痛苦的煎熬而显得无比缓慢的死亡。她受不了孤独——在生病的这几个月里，这种感觉尤为强烈——家里人来人往，挤满了朋友和来访者，就像《我们现在的生活方式》中讨论的那样，他们面带焦虑，彼此讨论着苏珊的健康状况。

康复的唯一希望就是进行骨髓移植。2004 年已经过去了将近一半的时间，桑塔格飞往西雅图接受手术。术后的 3 个月里，病情反复恶化并发生感染。一到周末，莱柏维兹就乘飞机过来，把一切安排妥当，陪苏珊说话。截至 11 月份，一切都很明朗，骨髓移植手术失败。于是，桑塔格搭乘救护飞机回到纽约，住进纪念斯隆—凯特琳癌症中心。她依然在谈论出院后她要做的事情。次年 1 月，她将度过第 72 个生日。恰如她在《反对阐释》中所说，她依然“有更多的事情想要去看，去听，去感受”[30]——尽管她自己的人生（也是一个“并非好讲的故事”）的张力已经以一种不同寻常的方式基本上得到了解决。整个一生，她一直在思考和书写死亡，对她来说，这是一个永远没有尽头的话题。

1986 年 12 月，母亲在夏威夷即将病逝的时候，苏珊坐在母亲的病榻旁边。米尔德里德对她说的最后的话是：“你为什么不回到宾馆去呢？”苏珊回答道：“哦，你知道的，妈妈，我喜欢医院。”母亲笑了，她闭上了眼睛。“你看，妈妈乐意听到这样的话。她认为这样说很机智，也饱含着嘲讽。‘我来这里是因为我爱你，我来这里是因为你病得不轻’这样的话我说不出口。”[31] 2004 年 12 月 28 日，苏珊去世的前一天，她自言自语地谈起了自己的母亲和约瑟夫·布罗茨基。她呼喊着大卫，而大卫就坐在她病榻的旁边。

母亲没有睁开双眼，也没移动她的脑袋。有那么一刻，我想她又睡着了。但是，安静了一会儿，她说道：“我想告诉你……”她就说了这么多……这就是妈妈临终时留给我的全部遗言。[32]

注 释:

1. 在写给《同一时间》的“前言”中，Paolo Dilonardo 和 Anne Jump 提到桑塔格计划要写的“小说背景设在日本”，参阅 Sontag, *At the Same Time* (London, 2007). p. vii. 在接受媒体采访的时候桑塔格也提到过这一点：参见 Joan Acocella, 'The Hunger Artist', 出自 *New Yorker*（2000 年 3 月 6 日）. p. 77. 桑塔格说，这本小说的背景将设在当下的日本，“小说不会很长，约 120 页”。从 1999 年开始，桑塔格接受 Acocella 多次采访。2000 年四五月份的时候，桑塔格说这本小说将以 20 世纪 30 年代的日本为背景，小说人物主要是法国人。参阅 Harvey Blume, *The Atlantic*（2000 年 4 月 13），以及 'Finding Fact from Fiction'，出自 *The Guardian*（2000 年 5 月 27 日）。
2. Annie Leibovitz, introduction to *A Photographer's Life. 1990–2005*, n.p.
3. Susan Sontag, 'Danilo Kiš', 选自 *Where the Stress Falls* (London, 2003), p. 96.
4. Susan Sontag, 'Thirty Years later', 选自 *Where the Stress Falls*, p. 268.
5. Susan Sontag, 'Homage to Halliburton', 选自 *Where the Stress Falls*, P. 255.
6. Susan Sontag, 'A Century of Cinema', 选自 *Where the Stress Falls*, p. 117.
7. 有关桑塔格和齐普金的儿子 Mikhail 之间的通信，参阅加利福尼亚大学洛杉矶分校苏珊·桑塔格文献汇编：洛杉矶 UCLA 图书馆，Charles E. Young Research 分馆，279 号资料柜；'Loving Dostoyevsky', 选自 *At the Same Time*, p. 21.
8. Susan Sontag, 'A Few Weeks After', 选自 *At the Same Time*, p. 108.
9. Susan Sontag, '9.11.01', 选自 *At the Same Time*, p. 105.
10. 'A Few Weeks After', p. 109.
11. 'Finding Fact from Fiction'.
12. 'A Few Weeks After', p. 109.
13. 参阅桑塔格文献汇编：洛杉矶 UCLA 图书馆，173—178 号资料柜。
14. Susan Sontag, *Regarding the Pain of Others* (London, 2003), p. 3.
15. Ibid., p. 16.
16. Ibid., p. 18.
17. Ibid., pp. 28, 18, 34.
18. Ibid., p. 40.
19. Ibid., p. 98.
20. Ibid., pp. 102, 113.
21. Dilonardo 和 Jump, preface to *At the Same Time*, p. vii.
22. Susan Sontag, 'Regarding the Torture of Others', 选自 *At the Same Time*, pp. 133, 131.
23. Ibid., p. 133.
24. Susan Sontag, 'At the Same Time: The Novelist and Moral Reasoning', 选自 *At*

the Same Time, p. 222.

25. Wayne Koestenbaum, 'Susan Sontag, Cosmophage', 选自 *The Scandal of Susan Sontag*, ed. Barbara Ching and Jennifer A. Wagner-Lawlor (New York, 2009), p. 236.

26. 'At the Same Time: The Novelist and Moral Reasoning', p. 223.

27. David Rieff, *Swimming in a Sea of Death* (London, 2008), pp. 1-11.

28. Ibid., pp. 45, 52-53.

29. Ibid., p. 17.

30. Susan Sontag, *Against Interpretation*, (London, 2001), p. 14.

31. 'Finding Fact from Fiction', *The Guardian*.

32. Rieff, *Swimming*, pp. 162-163.

作品选编

苏珊·桑塔格著作

书目按照第一版出版时间排列。书中引用若非出自第一版，则相应版本随后罗列。

[with/as Philip Rieff], *Freud: The Mind of the Moralist* (New York, 1959; New York, 1961)
The Benefactor (New York, 1963; London, 2009)
Against Interpretation (New York, 1966; London, 2001)
Death Kit (New York, 1967; London, 2009)
Trip to Hanoi (New York, 1968)
Styles of Radical Will (New York, 1969; London, 2009)
Duet for Cannibals [film] (Sweden, 1969)
Duet for Cannibals [film script] (London, 1970)
Brother Carl [film] (Sweden, 1971)
Brother Carl [film script] (New York, 1974)
Promised Lands [film] (New York, 1974)
On Photography (New York, 1977; London, 2002)
Illness as Metaphor (New York, 1978; London, 2002)
I, Etcetera (New York, 1978; London, 2001)
Under the Sign of Saturn (New York, 1980; London, 2009)
A Susan Sontag Reader, ed. Sontag (New York, 1982)
Unguided Tour [film] (Italy, 1983)
AIDS and Its Metaphors (New York, 1989; London, 2002)
[with Howard Hodgkin], *The Way We Live Now* (London, 1991)
The Volcano Lover: A Romance (New York, 1992)
Alice in Bed: A Play in Eight Scenes [play] (New York, 1993)
In America (New York, 2000; London, 2001)
Where the Stress Falls: Essays (New York, 2001; London, 2003)
Regarding the Pain of Others (New York, 2003; London, 2003)

At the Same Time: Essays and Speeches, ed. Paolo Dilonardo and Anne Jump (London, 2007)
Reborn: Early Diaries, 1947-1963, ed. David Rieff (New York, 2008; London,2009)
As Consciousness is Harnessed to Flesh: Diaries, 1964-1980, ed. David Rieff(London, 2012)

苏珊 · 桑塔格的批评文章

'Description (of a Description)', *Antaeus*, 53 (1984), pp. 111–14
'The Double Standard of Aging', *Saturday Review* (23 September 1972),pp. 29-38
'Fragments of an Aesthetic of Melancholy', in Vera Lehndorff and Holger Trülzsch, *'Veruschka': Trans-figurations* (London, 1986), pp. 6-12
'Francis Bacon: "About Being in Pain"', *Vogue* (March 1975), pp. 136-7
'Images of People Past', *Art and Antiques*, 1 (May 1984), pp. 66-77
'Introduction' to Peter Hujar, *Portraits in Life and Death* (New York, 1976)
'Lady from the Sea', *Theater*, xxix/1 (1999), pp. 93-115
'The Letter Scene', *New Yorker* (18 August 1986), pp. 24-32
'A Letter from Sweden', *Ramparts* (July 1969), pp. 23-38
'Mr Balanchine', *Vanity Fair* (July 1983), pp. 70-75
[with David Rieff], 'Notes on Optimism', *Vogue* (January 1975), pp. 100,148, 154
'A Parsifal', in Trevor Fairbrother, *Robert Wilson's Vision* (New York, 1991),pp. 19-27. Also published, with changes, in *Antaeus*, lxvii/3 (1991),pp. 180-85
'Pilgrimage', *New Yorker* (21 December 1987), pp. 38-54
'Posters: Advertisement, Art, Political Artefact, Commodity', in *The Art of Revolution*, ed. Dugald Stermer (New York, 1970),pp. vii–xxiii
'Preface', in *María Irene Fornés: Plays* (New York, 1986), pp. 7–10
[as 'Calvin Koff '], 'Some Notes on Antonioni and Others'. Reprinted with an introduction by Colin Burnett, *Post Script*, xxvi/2 (2007), pp. 137–42
'Some Thoughts on the Right Way (for Us) to Love the Cuban Revolution', *Ramparts* (April 1969), pp. 6–19
'Susan Sontag Tells How it Feels to Make a Movie', *Vogue* (July 1974), pp. 84, 118–19
'The Third World of Women', *Partisan Review* (Spring 1973), pp. 180–206
'The View from the Ark', in Richard Misrach, *Violent Legacies: Three Cantos*(New York, 1992), pp. 9–12

苏珊 · 桑塔格访谈

Acocella, Joan, 'The Hunger Artist', *New Yorker* (6 March 2000), pp. 68–77

Blume, Harvey, 'The Foreigner', *The Atlantic* (13 April 2000), at www.theatlantic.com

Bockris, Victor, 'Sontag + Hell', Victor Bockris, Richard Hell, *Interview* (April 1978), pp. 28–30

—, 'Susan Sontag: The Dark Lady of Pop Philosophy', *High Times* (March 1978), pp. 20–37

Brennan, Paul, 'Sontag in Greenwich Village: An Interview', *London Magazine* (April–May 1979), pp. 93–103

Brockes, Emma, 'My Time With Susan', interview with Annie Leibovitz, *Guardian* (7 October 2006), pp. 18–35

Chan, Evans, 'Against Postmodernism, etcetera – A Conversation with Susan Sontag', *Postmodern Culture*, xii/1 (September 2001), www.iath.virginia.edu/pmc

'Finding Fact from Fiction', *The Guardian* (27 May 2000), www.guardian.co.uk

Garis, Leslie, 'Susan Sontag Finds Romance', *New York Times* (2 August 1992), pp. 20–43

Heller, Zoë, 'The Life of a Head Girl', *Independent on Sunday: Review* (20 September 1992), pp. 10–12

Hirsch, Edward, 'Susan Sontag: The Art of Fiction', *Paris Review*, 137 (1995), pp. 177–209

Holmberg, Arthur, 'Susan Sontag', *Performing Arts Journal*, ix/1 (1985),pp. 28–30

Low, Lisa, 'Interview with Susan Sontag', *Cross Currents*, 8 (1989), pp. 185–93

Munk, Erika, 'Only the Possible: An Interview with Susan Sontag', *Theater*, 24 (1993), pp. 31–6

Poague, Leland, ed., *Conversations with Susan Sontag* (Jackson, ms, 1995)

Polukhina, Valentina, 'He Landed Among Us Like a Missile', *in Brodsky Through the Eyes of His Contemporaries*, ed. Polukhina, vol. ii (Boston, ma, 2008), pp. 323–32

苏珊·桑塔格研究文献和书目

Poague, Leland, and Kathy A. Parsons, *Susan Sontag: An Annotated Bibliography, 1948–1992* (New York, 2000)

The Susan Sontag Papers *c*. 1939–2004, Department of Special Collections, Charles E. Young Library, University of California at Los Angeles Library

苏珊·桑塔格传记、相关评论及回忆录

Angell, Callie, *Andy Warhol Screen Tests: The Films of Andy Warhol Catalogue Raisonné*,

vol. i (New York, 2006)
Athill, Diana, 'Afterword', in Alfred Chester, *The Exquisite Corpse* (Boston, MA, 2003). Adapted from Diana Athill, *Stet: A Memoir* (London, 2000)
Berger, John, 'Photography: God of the Instant', *Seven Days* (7 April 1978), pp. 28–30
Boyd Maunsell, Jerome, 'A Little Door', tls (1 June 2012), p. 25
—, 'The Writer's Diary as Device: The Making of Susan Sontag in *Reborn: Early Diaries, 1947–1963', Journal of Modern Literature*, xxxv/1 (2011), pp. 1–20
Campbell, James, *Paris Interzone: Richard Wright, Lolita, Boris Vian and Others on the Left Bank, 1946–60* (London, 1994)
Castle, Terry, 'Desperately Seeking Susan', London *Review of Books* (17 March 2005), pp. 17–20
Ching, Barbara, and Jennifer A. Wagner-Lawlor, 'High Regard: Words and Pictures in Tribute to Susan Sontag', *American Quarterly*, lix/1 (2007), pp. 157–64
—, eds, *The Scandal of Susan Sontag* (New York, 2009)
Cohen, Rachel, *A Chance Meeting: Intertwined Lives of American Writers and Artists, 1854–1967* (London, 2004)
Eoff, Karla, 'The Intellectual's Assistant', *Blip Magazine* (Winter 2011), www.blipmagazine.net
Field, Edward, *The Man Who Would Marry Susan Sontag* (Madison, wi, 2005)
—, 'The Mystery of Alfred Chester', *Boston Review*, xviii/2 (1993)
Hardwick, Elizabeth, 'Knowing Sontag', *Vogue* (June 1978), pp. 184–5
Indiana, Gary, 'Susan Sontag's *Unguided Tour', Artforum*, xxii/3 (November 1983), pp. 66–8
Kaplan, Alice, *Dreaming in French: The Paris Years of Jacqueline Bouvier Kennedy, Susan Sontag, and Angela Davis* (Chicago, il, 2012)
Kennedy, Liam, 'Precocious Archaeology: Susan Sontag and the Criticism of Culture', *Journal of American Studies*, xxiv/1 (1990), pp. 23–39
—, *Susan Sontag: Mind as Passion* (Manchester, 1995)
Koch, Stephen, 'On Susan Sontag', *TriQuarterly*, 7 (1966), pp. 152–60
Leibovitz, Annie, *A Photographer's Life, 1990–2005* (London, 2006)
—, *Women* (New York, 1999)
Lopate, Phillip, *Notes on Sontag* (Princeton, nj, 2009)
McCaffery, Larry, 'Death Kit: Susan Sontag's Dream Narrative', *Contemporary Literature*, xx/4 (1979), pp. 484–99
McEwan, Ian, 'Kamera Obskura', *New Statesman* (29 September 1978), pp. 410–11
McRobbie, Angela, 'The Modernist Style of Susan Sontag', *Feminist Review*, 38 (1991), pp. 1–19

Mapplethorpe, Robert, *Certain People: A Book of Portraits* (Pasadena, ca, 1985)

Meyer, Sara, 'Susan Sontag's "Archaeology of Longings"', *Texas Studies in Literature and Language*, xlix/1 (Spring 2007), pp. 45–63

Nelson, Cary, 'Soliciting Self-Knowledge: The Rhetoric of Susan Sontag's Criticism', *Critical Inquiry*, VI/4 (1980), pp. 707–26

Nunez, Sigrid, *Sempre Susan: A Memoir of Susan Sontag* (New York, 2011)

Ozick, Cynthia, 'Alfred Chester's Wig', *New Yorker* (30 March 1992), pp. 79–98

—, *The Din in the Head: Essays* (New York, 2006)

—, *Foreign Bodies* (New York, 2011)

Phillips, William, 'Radical Styles', *Partisan Review*, 36 (Summer 1969), pp. 388–400

Rieff, David, *Swimming in a Sea of Death: A Son's Memoir* (London, 2008)

Rollyson, Carl, and Lisa Paddock, *Reading Susan Sontag: A Critical Introduction to Her Work* (Chicago, il, 2001)

—, *Susan Sontag: The Making of an Icon* (New York, 2000)

Sayres, Sohnya, 'Susan Sontag and the Practice of Modernism', *American Literary History*, i/3 (1989), pp. 593–611

—, *Susan Sontag: The Elegiac Modernist* (New York, 1990)

Seligman, Craig, Sontag and Kael: *Opposites Attract Me* (New York, 2005)

Shipman, Dru, 'Sontag on Photography', *Afterimage*, ii/7 (January 1975), pp. 4–12

Solotaroff, Theodore, 'Death in Life', *Commentary* (November 1967), pp. 87–9

Tanner, Tony, *City of Words: American Fiction, 1950–1970* (New York, 1971)

Tomkins, Calvin, Duchamp: *A Biography* (London, 1997)

—, 'The Mind's Eye: The Merciless Originality of Jasper Johns', *New Yorker* (11 December 2006), pp. 76–85

Toynbee, Philip, 'Critique of Freud', *Encounter* (April 1960), pp. 73–6

Vidal, Gore, 'The Writer as Cannibal', *Chicago Tribune Book World* (10 September 1967), pp. 5, 34

White, Edmund, *City Boy: My Life in New York During the 1960s and 1970s* (London, 2010)

Wood, Michael, 'Susan Sontag and the American Will', *Raritan*, xxi/1 (2001), pp. 141–7

Zwerling, Harriet Sohmers, 'A Memoir of Alfred Chester', Raritan, xxii/3 (1993). Reprinted in Harriet Sohmers Zwerling, *Notes of a Nude Model* (New York, 2003), and as 'Afterword', in Alfred Chester, *Jamie is My Heart's Desire* (Boston, ma, 2007)

—, 'Memories of Sontag: From an Ex-Pat's Diary', *The Brooklyn Rail* (2006), www.brooklynrail.org

致 谢

衷心感谢以下诸位提供的种种帮助：Rosemary Ashton, Clare Brant, James Burrell, Edward Clarke, Andy Cooke, Mark Currie, Jane Darcy, Santanu Das, Brian Dillon, Rozalind Dineen, Lindsay Duguid, James Eve, Lara Feige, Mark Ford, Dan Fox, Ronnie Graham, Sara Haslam, Oliver Herford, Jennifer Higgie, Ross Mornblower, Philip Horne, Ann Kaplan, Edith Kurzweil, Katie Law, Hermione Lee, Toby Lichtig, Angela McRobbie, Brenda Maddox, Nathaniel Mellors, David Miller, John Mullan, Anne Hilde Neset, Leonee Ormond, Robert Patrick, Patricia Phillippy, Ariel Pintor, Huw Price, James Roberts, Max Saunders, David Sexton, Hugo Shuttleworth, William Skidelsky, Anna Snaith, Anna Vaux, Jonathan Walton, Alison Wood, Jessica Woollard 和 Rob Young。我也衷心感谢我的家人，没有他们的全力支持，我无法完成本书的写作。

非常感谢 Reaktion 出版公司的 Michael Leaman, Martha Jay 和 Harry Gilonis 为本书所做的工作。对于在插图方面提供帮助的诸位表示万分感谢：James Campbell, Terry Castle（感谢他就使用桑塔格高中年鉴里的照片所提的建议）, Barbara Ching, Edward Field, Jim Gossage, Peggy Kaplan, Stephen Koch, Christina Pareigis, Amy DiPasquale, Ethan 和 Tanaquil Taubes, Jennifer Wagner Lawlor 和 Harriet Sohmers Zwerling。

图片答谢

本书作者和出版商对以下提供和（或）授权使用图片的人员及机构表示感谢：

Photo © Bob Adelman/corbis: p. 69; Arizona Historical Society, Tucson: p. 14; photo © Sophie Bassouls/Sygma/corbis: p. 140; photos © Bettmann/corbis: pp. 113, 123; photo Werner W. Christmann © Bettmann/corbis: p. 24; courtesy Edward Field: p. 74; courtesy Edward Field/Harriet Sohmers Zwerling: pp. 40, 43; photo James D. Gossage: p. 49; from William Hamilton, *Campi Phlegraei: Observations on the Volcanos of the Two Sicilies* . . . vol. iii (Naples, 1779): p. 152; © 1987 The Peter Hujar Archive lcc – reproduced courtesy Pace/MacGill Gallery, New York, and Fraenkel Gallery, San Francisco: p. 72; © The Joseph and Robert Cornell Memorial Foundation/vaga, ny/dacs, London 2013: p. 84; Peggy Jarrell Kaplan: p. 136; Stephen Koch/Peter Hujar estate: p. 72; courtesy Edith Kurzweil: p. 18; © Magnum Photos, courtesy Fondation Henri Cartier-Bresson: p. 6; Mapplethorpe estate: p. 147; © The New York Public Library for the Performing Arts, Billy Rose Theatre Division: p. 49; from *Partisan Review*, vol. xv, no. 12 (December 1948): p. 18; private collection: p. 84; private collection/Index/The Bridgeman Art Library: p. 177; private collection/The Stapleton Collection/The Bridgeman Art Library: p. 152; private collection/Ken Walsh/The Bridgeman Art Library: p. 155; photo Rex Features/Everett Collection: p. 71; photo Rex Features/Roger-Viollet: p. 110; reproduced with the kind permission of Ethan and Tanaquil Taubes: p. 29; University of Pennsylvania Archives, Philadelphia: p. 27; © 2014 The Andy Warhol Museum, Pittsburgh, pa, a museum of Carnegie Institute – all rights reserved: p. 68; from Alfred Whitman, *The Print-collector's Handbook* (London, 1901): p. 155; Zentrum für Literatur- und Kulturforschung, Berlin: p. 29.

图书在版编目（CIP）数据

苏珊·桑塔格传 /（英）杰罗姆·博伊德·蒙塞尔著；张昌宏译 . -- 北京：中国摄影出版社，2018.10

书名原文：Susan Sontag

ISBN 978-7-5179-0808-1

Ⅰ . ①苏… Ⅱ . ①杰… ②张… Ⅲ . ①苏珊·桑塔格（1933-2004）–传记 Ⅳ . ① K871.256

中国版本图书馆 CIP 数据核字 (2018) 第 248782 号

北京市版权局著作权合同登记章图字：01-2016-1499 号

苏珊·桑塔格传

作　　者：[英] 杰罗姆·博伊德·蒙塞尔

译　　者：张昌宏

出 品 人：高　扬

策划编辑：黎旭欢

责任编辑：丁　雪　付党生

装帧设计：冯　卓

出　　版：中国摄影出版社

地址：北京市东城区东四十二条 48 号　邮编：100007

发行部：010-65136125　65280977

网址：www.cpph.com

邮箱：distribution@cpph.com

印　　刷：北京科信印刷有限公司

开　　本：16 开

印　　张：13.75

字　　数：191 千字

版　　次：2018 年 12 月第 1 版

印　　次：2018 年 12 月第 1 次印刷

ISBN 978-7-5179-0808-1

定　　价：69.00 元